희망 교향곡

A SYMPHONY OF HOPE

희망 교향곡
A SYMPHONY OF HOPE

발행   2022년 10월 27일

지은이   이영훈 김은호 김명전 외
발행인   윤상문
디자인   박진경, 장미림
발행처   킹덤북스
등록   제2009-29호(2009년 10월 19일)
주소   경기도 용인시 기흥구 동백동 622-2
문의   전화 031-275-0196 팩스 031-275-0296

ISBN 979-11-5886-260-2 03230

Copyright ⓒ 2022 이영훈 김은호 김명전
이 책은 저작권법에 따라 보호받는 저작물이므로 무단전재와 복제를 금지하며,
이 책의 내용의 전부 또는 일부를 이용하려면 반드시 저작권자와 킹덤북스의
서면 동의를 받아야 합니다.

※ 잘못된 책은 구입한 곳에서 교환하여 드립니다.
※ 책 가격은 표지 뒷면에 있습니다.

이 책의 수익금은 **GOODTV 천사지원 선교프로젝트**에 사용됩니다.

킹덤북스 Kingdom Books
킹덤북스(Kingdom Books)는 문서 사역을 통해 하나님의 나라를 확장하고,
한국 교회와 세계 교회를 섬기고자 설립된 출판사입니다.

희망 교향곡
A SYMPHONY OF HOPE

이영훈, 김은호, 김명전 외 지음

킹덤북스
Kingdom Books

| 목차 |

추천사 ... 06
머리말 ... 10
희망 교향곡 ... 12
프롤로그 ... 13

1장 복음과 빵

01 사랑 한 그릇, 죽 한 그릇을 노래하는 시인 · 본죽 대표 최복이 ... 16
02 영육 치료 전도사 · 매그너스 의료 재단 이사장 손의섭 장로 ... 27
03 짜장면을 싫어하는 사람이 있을까? · 은혜 짜장 선교단 김중교 목사 ... 34
04 내가 내 아우를 지키는 자니이까 · 사회적 기업 브라더스키퍼 대표 김성민 ... 43
05 우리 밥집 · 정영일 목사 ... 52
06 행복을 잇는 강북푸드뱅크 · 마켓 · 강북푸드뱅크 · 마켓 前 소장 박남구 ... 61
07 결식아동을 위한 선한 영향력 가게 · 홍대 진짜 파스타 오인태 대표 ... 68
08 한 끼 식사가 절박한 이웃들의 '참 좋은 친구' · 노숙인 무료 급식 (사)참좋은친구들 ... 79

2장 생명, 그 소중한 선물

09 러브더월드(LovetheWorld) · 박대원 대표 / 서지형 이사 ... 88
10 21세기의 혜민서, 웰다잉을 돕다 · 사회적 협동조합 혜민서 이사장 남궁청완 ... 96
11 수퍼 히어로 hero가 아니라 수퍼 히어러 hearer · 한국생명의전화 박주선 이사 ... 105
12 내 몸을 내어주는 사랑 · 주양교회 표세철 목사 ... 114
13 50여 년 이어진 봉사의 삶 · 봉사 명장 김상기 장로 ... 122
14 우는 자와 함께 우는 삶 · 국내 첫 자매 장기 기증 박옥남/ 박옥순 자매 ... 131

희망 교향곡
A SYMPHONY OF HOPE

3장 누가 우리의 이웃인가?

15 날마다 교도소로 출근하는 수의사 · 교정 선교 40년 김신웅 장로 … 140
16 너희도 이같이 행하라 · 참살이힐링마을 이호영 목사 … 149
17 우리 시대 사랑 넘치는 현숙한 여인 · 안산의 '통 큰 기부자' 진정주 약사 … 158
18 카지노 노숙자 쉼터, 고장 난 승합차
    · '도박을 걱정하는 성직자들의 모임' 방은근 목사(고한 남부교회) … 165
19 이동 목욕 자원봉사 1호 · 이영호(번동 은혜교회 은퇴목사) … 173
20 사랑손의 이발 봉사 · 삼성전자 사랑손동호회 김진묵 … 180
21 한 사람의 어리석음이 일구어낸 기적 · 오패산 꽃샘길 조성 김영산 … 188
22 장애를 가진 딸이 준 선물 · 뇌병변 발달장애인 의류브랜드 ㈜베터베이직 박주현 대표 … 194

4장 사람들 속으로

23 목소리로 하나가 되다 · 고려인 어린이합창단 김혜숙 단장 … 204
24 날개 다친 다음 세대를 품다 · 십대지기 선교회 대표 박현동 목사 … 211
25 한국인 자랑스러워 사회 공헌하는 삶 · 코레아트 대표 장하다 … 219
26 시청각 중복 장애 1호 박사 · 박사 조영찬 … 227
27 기업의 사회적 책임은 '희년 사상'의 실천 · CSR포럼 대표 김도영 … 238
28 SW 복지 재단의 뿌리를 찾아 · SW 복지 재단 이사장, 오단이 교수 … 245
29 더불어 살아가는 기쁨 · 경찰 봉사왕 한상기 경위 … 253

| 추천사 |

 인간으로 태어나 가장 위대한 삶을 산 사람은 삶을 통해 복음을 전하고 주님의 사랑을 몸소 실천한 사람들입니다. 이들은 모두 하나님 나라와 교회와 세상에 없으면 안 되는 소중한 행복의 전령자들이자 희망의 아이콘들입니다. 이 책에는 코로나19로 인해 전 세계가 고통하며 신음하는 상황에도 상처받고 모욕당하고 가난으로 내몰린 자들을 찾아가 그들의 좋은 친구들이 되어주고 소외된 이웃들에게 빵 한 쪽, 피 한 방울, 장기 한 부분을 따뜻하게 내미는 손, 신음을 듣는 귀, 지갑을 열어 긍휼의 마음을 아낌없이 쏟는 선한 사마리아와 같은 아름다운 사람들의 사랑행전이 영롱한 진주처럼 빛나고 있습니다. 사랑이 사랑을 낳고 행복을 안겨 준다는 진실을 다시금 보게 합니다. 사랑하면서 행복을 맛보는 이들의 향취가 듬뿍 담긴 본 작품을 읽어 내려가는 사람은 누구나 가슴 뭉클한 큰 울림과 진한 감동을 받을 것입니다.

온누리교회
담임목사 이재훈

| 추천사 |

　우리는 이 땅에 태어나 가정, 학교, 교회, 직장 등 삶의 모든 현장에서 이타적인 사랑을 베푸는 삶이 가장 고귀하고 아름답고 선한 삶이라고 배우며 살고 있습니다. 또 그런 아낌없는 사랑의 손길을 내미는 사람을 존중하고 큰 감동을 받고 때론 눈시울을 적시게 됩니다. 코로나19로 인하여 전 세계가 경제적인 고통을 받고 있기에 이웃을 향한 가슴 따스한 손길을 펼치기보다는 거두기 쉬운 상황에서도 몸과 마음뿐만 아니라 시간, 돈, 재능, 삶을 바쳐 이웃의 행복을 위해 헌신하는 분들이 많이 있습니다. 그들은 자신을 희생하여 가난하고 소외된 이웃들이 행복할 수만 있다면 자신이 가진 모든 것을 내어주어도 전혀 아깝지 않고 오히려 행복하다고 하는 선한 이웃들입니다. 그들이 현존하기에 아직 세상은 희망이 있고 살 의미가 충분히 있습니다. 본 작품에 등장하는 모든 이들은 우리의 마음을 울리기에 충분한 삶을 살고 있는 우리가 본받고 싶은 행복한 삶을 살아가는 멋진 그리스도인들입니다. 한 해를 마무리하는 계절을 맞이한 시점에 선 지금, 사랑하면서 행복을 만끽하는 사람들의 기묘한 삶의 현장을 들여다보면서 깊은 감동과 도전을 받고, 주는 자가 복이 있다는 진리를 마음 깊이 깨닫고 이웃을 향해 베푸는 삶을 살면서 내면에 쏟아오르는 알 수 없는 행복감을 만끽하고자 앙망하는 모든 그리스도인들에게 필독을 권합니다.

기독교한국침례회 중앙교회
담임목사 고명진

| 추천사 |

차가운 세상을 사랑의 온도로 행복하고 따뜻한 세상으로 바꾸는 이들이 있습니다. 그들은 내면과 외면에 깊은 상처를 받고 힘든 나날을 보내는 이웃들을 보면 아무런 대가를 바라지 않고 자신이 가진 모든 것을 아낌없이 주고 싶은 긍휼히 많은 사람들입니다. 이들은 자신의 재능을 선용하여 하나님이 주신 소명을 충실히 이행하는 거룩한 소명자들입니다. 이 책에 소개되는 분들은 하나님께 받은 사명을 흘려보내지 않고 이웃을 탁월하게 사랑하고 섬기는 진실하고 진정한 그리스도인들입니다. 코로나19로 인해 모두가 힘든 시기, 사랑이 목마른 때에 하나님의 사람들의 가슴 따스한 이야기들이 독자들의 심금을 울리고도 남을 것입니다. 본서가 담긴 이야기들이 거룩한 도전이 되어 각자의 일을 통해 이웃을 섬기고 사랑하면서 밝고 따뜻하고 희망이 넘치는 세상을 만드는 주역들이 전국 방방곡곡에서 일어나면 좋겠습니다.

포도나무교회
담임목사 여주봉

| 추천사 |

교향곡은 여러 악기가 각자의 소리를 내지만 그 어떤 연주의 형식보다 완전한 짜임새와 어울림으로 아름다운 선율을 우리에게 선사합니다. 교향곡을 뜻하는 심포니(symphony)는 본디 심포니아(symphonia)라는 그리스어로, 동시에 울리는 음 또는 완전 협화음을 의미했습니다. 그러나 교향곡의 완전한 조화와 다채로움이 우리의 눈과 귀는 즐겁게 해 줄 수는 있으나, 참된 생명을 줄 수는 없습니다. 참된 생명은 복음을 통해 주어지는 값진 선물입니다. 우리 시대는 복음을 전하는 일과 동시에 삶으로 살아내는 일들이 필요합니다. 온 삶으로 외치는 삶의 향기만이 민족을 치유하고 세상을 변화시키는 희망 교향곡이 될 수 있습니다.

지금 우리 시대는 어느 때보다 이런 장엄한 울림이 필요한 시대입니다. 이 책 주인공 29명의 복음의 실천자들이 써 내려간 글들을 읽어 내려가면 이런 가슴 벅찬 울림을 느낍니다. 이들의 삶은 다양할지라도 이웃의 아픔을 돌보고 슬픔을 공감하는 깊은 위로의 메시지는 하나같이 동일하게 다가옵니다. 이 땅을 살아가는 예수님의 제자들이라면 이들과 함께 희망을 노래해야 합니다. 그런 우리가 살아내는 복음은 노래가 되어 좌절과 실패, 절망과 낙심의 현장에 주저앉은 이들을 다시 일으켜 세우는 회복의 노래가 될 것입니다. 코로나 이후 어느 때보다 어려운 시기를 우리 모두 지나가고 있습니다. 예루살렘 성을 보시고 우셨던 주님의 마음을 가지고 복음을 살아내는 우리들의 희망 교향곡을 통해 이 땅에 수많은 영혼들이 새 힘을 얻고 회복의 은혜를 누릴 수 있기를 소망합니다. 여전히 예수님만이 우리의 소망입니다.

지구촌교회
담임목사 최성은

| 머리말 |

　최근 극심한 물가 상승과 국내외 정세 불안, 코로나19의 장기화 등, 세상 소식은 우리를 낙담하게 하고, 부정적인 생각을 하게 합니다. 하지만 이럴 때일수록 우리 그리스도인은 "우리가 환난 중에도 즐거워하나니 이는 환난은 인내를, 인내는 연단을, 연단은 소망을 이루는 줄 앎이로다"라는 로마서 5장 3-4절의 말씀처럼 끝내 하나님이 우리를 선한 길로 인도하시리라는 굳건한 믿음을 가져야 합니다. 그리고 이 희망의 소식을 우리 주변의 이웃들에게 전하고, 함께 하나님 안에서 참된 평화를 누리며 살 수 있도록 예수 그리스도의 사랑을 실천해야 합니다.

　이번에 기획한 작품 『희망 교향곡』은 이 세상에 희망과 사랑을 전하는 아름다운 이야기들이 가득 담겨 있습니다. 예수님이 병들고 소외된 사람들을 찾아가 사랑을 베풀어 주신 것처럼, 작은 예수가 되어 소외된 이웃에게 사랑을 실천하고 계신 분들의 이야기를 소개합니다. 이분들의 이야기를 읽다 보면 마음 한편이 따뜻해지는 것과 동시에 예수님이 우리에게 맡기신 사명에 대해 깊이 생각해 보게 될 것입니다. 각자의 삶의 자리에서 아름다운 소리를 내는 '희망 교향곡'의 주인공들처럼, 독자들 역시 이 책을 통해 다시금 새 힘을 얻고 이 땅을 예수님의 사랑으로 물들이는 또 하나의 희망 교향곡을 써내려 가기를 소망합니다.

여의도순복음교회
담임목사 이영훈

| 머리말 |

    우리는 희망을 잃어버린 지난한 시대를 살아가고 있습니다. 가슴 아픈 소리를 내는 사람들을 안아주고, 함께 미래를 꿈꾸는 이야기들이 점점 들리지 않는 현실입니다. 고단한 삶을 살아가는 이들의 신음 소리는 점점 더 커져가지만 그들에게 희망의 강력한 빛이 비치는 감동의 서사는 잘 보이지 않습니다. 특히 코로나19를 겪고 나서 세상은 그저 버티기에도 힘겨운 침울함에 매몰되어 있는 것만 같습니다.

    『희망 교향곡』은 첫 이야기를 읽을 때부터 독자 제위들의 마음에 큰 울림을 줄 것입니다. 우리에겐 하나님께서 친히 역사하시고, 변함없이 우리와 함께하신다는 그 한마디만 있으면 족합니다. 그것이 희망입니다. 이 책은 희망을 노래하고 있습니다. 하나님께서 신실하게 일하심을 삶으로 보여주는 은혜의 스토리들은 예수님처럼 살아가기를 소망하는 모든 이들의 가슴을 뛰게 만듭니다.

    책 속에 등장하는 각각의 이야기들은 예수님을 따르는 제자들의 희망 교향곡이자 사랑의 교향곡입니다. 빛 되신 주님의 거룩하심을 찬송하는 믿음의 고백입니다. 이처럼 아름다운 이야기들이 우리 주변에 있음이 참으로 감사요, 다시금 가슴에 희망을 품게 됩니다. 하나님께서 우리에게 희망 교향곡을 연주할 수 있는 마음의 소원을 주셨으니 이 책을 읽는 모든 독자들도 힘차게 희망을 노래하는 대서사시를 쓰는 주역이 되기를 바랍니다.

오륜교회
담임목사 김은호

희망 교향곡

김명전

인생의 강
굽이굽이 돌고 돌아
머문 자리
삶의 한가운데서
마주하는 슬픔, 절망, 고통
모두가 축복이어라

어둠 가득한 외딴 섬
밀리고 밀려, 흐르고 흘러
만난 자리
흑암 한가운데서
밝아 오는 십자가의 빛
사랑이어라

실낱같은 생명
엮고 엮어, 빚고 빚어
다진 자리
마음 한가운데서
세상 가득 울려 퍼지는 노래
희망이어라

프롤로그(Prologue)

코로나19가 우리 곁에 찰싹 달라붙은 지 벌써 3년째입니다. 우크라이나와 러시아 간의 전쟁도 좀체 끝날 기미를 보이지 않습니다. 이로 인해 국내외 경제도 날로 심각해지고 있습니다. 이러한 시대를 사는 우리들의 마음도 함께 어두워지고, 차가워지고 있습니다. 그러나 이 와중에서도 빛을 비추고, 온기를 나누는 사람들이 있습니다. 국내는 물론 나라 밖에서도 나눔과 섬김의 삶을 사는 사람들이 많습니다.

이들은,
복음과 함께 빵을 전합니다.
육신을 치료하고 영혼을 치료합니다.
빠듯한 지갑을 열고 콩 반쪽을 나눕니다.
사업의 이익을 과감히 나눕니다.
잘나가던 사업을 관두고, 사회적 약자와 더불어 삽니다.
갈고닦은 재능으로 이웃을 섬깁니다.
소중한 시간과 주거 공간을 나눕니다.
죽음을 생각하는 사람들의 신음에 귀 기울입니다.
아직 태어나지 않은 생명을 보호합니다.
장애인과 함께하고, 그들의 필요를 채웁니다.
갇힌 자들의 아비가 되어 사랑으로 섬깁니다.

나그네와 이방인을 끌어안습니다.
공동체를 통해 사람을 변화시키고, 사회를 변화시킵니다.
청년들에게 꿈을 전합니다.
다음 세대가 날아오를 수 있도록 돕습니다.
이 모두가 우리의 영혼을 울게 하는 희망의 노래입니다.

이러한 사람들은 코로나 이전부터, 아니 2천 년 전부터 늘 존재했습니다. 선한 사마리아인이 되어 병든 자, 가난한 자, 소외된 자 등 사회적 약자들을 섬기고 도왔습니다. 이들의 섬김과 나눔의 장은 다르지만, 공통점은 예수님의 삶을 닮았다는 것입니다. 또 이들 역시 한때 병들었었고, 버림받았고, 소중한 것을 잃었고, 가난했고, 멸시받았습니다. 그래서 누구보다 다른 사람의 아픔에 깊이 공감합니다. 한 영혼이 얼마나 귀한지를 압니다. 사람은 누구나 늙기 마련이고, 언젠가는 이 세상을 떠난다는 사실을 직시합니다.

지난 3년간 GOODTV가 발행하는 주간 종합신문 '위클리굿뉴스'를 통해 우리 주변의 선한 이웃과 가슴 따듯한 삶의 현장을 소개해왔습니다. 이들의 이야기를 하나로 엮어 이 책에 담았습니다. 더 많은 작은 예수가 자꾸 생겨나 더욱 밝고 아름답고 행복한 살맛 나는 세상이 되길 바라면서….

2022년 10월

GOODTV 대표 김명전

1장
복음과 빵

01

사랑 한 그릇,
죽 한 그릇을 노래하는 시인

-본죽 대표 최복이-

아버지 저의 믿음 없음을 도와주소서

   최복이 이사장은 2022년 기준, 전국 2000여 개의 매장을 가진 본죽 프랜차이즈의 창업가이다. 최복이 대표는 1965년 충남 청양에서 태어났다. 대학에서 국어국문학과를 전공했고, 대학원에서는 사회복지학을 전공했다. 졸업 후 출판사 등 여러 사업을 하다가 접기도 했다. 2002년 대학로 뒷골목에 본죽 1호점을 열었다. 전적으로 가족의 생계를 위해서였다. 처음에는 하루에 10그릇도 팔지 못했다. 그러나 하나님과의 약속을 지키기 위해 노숙인을 섬겼고, 사역자를 섬겼다. 향후 본브랜드 연구 소장으로서 여러 가지 메뉴와 브랜드를 개발하여 '본아이에프'라는 기업으로 성장했다.

시인의 감성과 체험 신앙으로 무장한 최복이 이사장의 경영 철학은 복음과 함께 이 땅의 양식을 전하는 것이다. 하나님께 값없이 받은 사랑을 세상에 전하는 것이다. 최 대표에게 있어 가난은 관념이 아니다. 그는 이미 수 차례 걸친 남편의 사업 실패로 경제적으로 밑바닥을 경험했다. 수입화장품 프랜차이즈 사업을 하던 남편은 한때 승승장구했다. 대리점 수만 해도 400여 개에 달했었다. 최 대표도 남편의 사업을 도왔다. 그러나 IMF의 직격탄을 맞고 협력 업체까지 연쇄 부도를 맞으면서 내리막길을 걸었다. 주변에서는 중국으로 도망가라는 등 여러 조언을 해주었다. 그러나 그 말을 따르지 않고, 모든 것을 다 정리해서 채권단에 넘겼고 새로 시작하기로 했다. 이로써 정리는 되었지만 타던 자동차도 없어지고, 통장도 모두 채권단에 넘겨지고 살길이 막막했다.

후유증이 상상을 초월했다. 이후 3-4년간 고난기를 겪었는데, 이 때 최 대표는 모든 것을 포기하고 싶었다. 잠자리에 들 때마다 아침에 눈을 뜨지 않고 그대로 죽었으면 좋겠다는 생각을 할 정도로 힘들었다. 손에 가득 쥐고 있던 것들이 그렇게 순간적으로 사라질 줄 몰랐다. 그 많던 재물이 불과 3-4개월 만에 사라졌다. 그 충격으로 신경정신과 치료를 받을 정도였다.

생활고뿐만 아니라 건강까지 악화되어 극심한 고난을 겪었다. 그럼에도 그대로 주저앉을 수는 없다는 마음에 한 번만 더 기회를 달라고 하나님께 부르짖었다. 이 고난에서 벗어나게 해주신다면 자신처럼 눈물을 흘리는 사람들의 눈물을 닦아 주겠다고 하나님과 약속했다.

사실 결혼 초에도, 여기저기 돈을 빌리러 다니며 고생을 하면서 이와 비슷한 기도를 한 적이 있다. 하나님께서 축복해 주시면 나누고 베푸는 삶을 살겠다는 약속을 한 것이다. 그런데 막상 돈을 벌기 시작하니까, 아직은 베풀 때가 아닌 것 같고, 조금 더 벌어야 할 것 같은 생각이 들었다. 그러다보니 하나님과의 약속을 어느새 잊고 말았다. 그런데 눈앞에서 돈이 다 사라지는 것을 보자 그제야 이전의 약속이 생각났고, 자신을 돌아보게 되었다. 이 시기에 물질에 대한 관점도 새롭게 정립되었다.

졸지에 신용불량자에, 빚쟁이가 되어버린 남편은 취업을 할 수도 없었다. 가진 돈이 없으니 그 무엇도 시도할 수 없었다. 결국 남편은 호떡 장사를 시작했다. 아이는 셋에 어머니까지 모시고 있던 터라 이렇게라도 할 수밖에 없었다.

"나중에 남편 이야기를 들으니 자기도 호떡 장사하러 나갈 때 엄청 힘들었다고 고백하는데 막 눈물이 나더라구요. 남편이 숙대 입구에서 호떡 장사를 했는데 사실 저는 처음에는 그곳에 가지도 못했어요. 너무도 낯선 모습이라."

그래서 최 대표는 남편에게 곧바로 가지 못하고 교회에 가서 울곤 했다. 그때 하나님이 최 대표로 하여금 자신의 부끄러운 모습을 보게 하셨다.

"남편이 잘 나갈 때는 남편으로 인정하고 따라다니더니, 힘들어지니 나서는 것을 부끄러워하는 제 모습은 분명 돕는 자로서의 배필이 아니었어요. 그래서 회개하고 저도 함께 호떡 장사를 했습니다."

이후 최 대표는 남편과 함께 반죽도 하고, 야채 호떡도 만들고 왕 호떡도 만들었다. 그 당시 호떡 값이 500원이었다고 회상한다. 기름 묻은 돈이 모이면서 서서히 물질적으로 회복되기 시작하자 하나님과의 약속을 지키기로 했다. 십일조를 꼬박꼬박했고, 신세를 졌던 분이나 아픈 분을 찾아 도왔고 은혜를 입었던 집사님이 아프실 때엔 100만 원 정도를 들고 찾아가기도 했다. 한창 잘 나갈 때엔 100만 원이 아무 것도 아니었겠지만, 호떡 장사를 할 때에는 100만 원을 모으기까지 한 달 넘게 걸렸다. 호떡 판 돈 하루 3만 원 정도로 가족이 먹고 살 때였기 때문이다.

"형통한 날에는 기뻐하고 곤고한 날에는 되돌아 보아라" (전 7:14)

죽은 과연 '약함'의 대명사인가?

이렇게 호떡 장사를 1년 좀 넘게 한 후, 남편은 친구가 경영하던 외식 컨설팅 회사에서 일하게 되었다. 그곳엔 외식 창업 요리 학원이 딸려 있었다. 그곳에서 2-3년간 설거지도 하고, 청소도 하고, 요리 재료도 다듬고, 요리사 보조일 등 잔심부름을 했다. 국어국문학과를 졸업했으므로 국어 교사나 과외도 할 수 있었지만, 그 무렵 신경에 문제가 생겨 치료를 받고 있었기에 가르치는 일을 할 수 없었다.

그런데 남편이 레시피(recipe)를 직접 만들어 죽집을 한번 해보라고 말했다.

"그때 하나님이 지혜를 주셔서 8개월에 걸쳐 1-15가지 죽 메뉴를 만들었어요, 그것이 본죽의 초기 메뉴지요."

그때의 레시피는 하나님이 주신 것이라는 확신을 갖게 된 이유가 있다. 지금은 기업이 성장하면서 연구소도 운영하고 있지만, 전복죽, 삼계죽같이 초창기 최 대표가 만들었던 메뉴가 총 매출의 70-80%를 차지하고 있기 때문이다. 또 그 당시만 해도 죽은 환자들이나 먹지 굳이 돈까지 내고 사먹는다는 것이 아주 낯설었기 때문이다. 그래서 초반에는 남자 손님이 전혀 없었다.

대학로 후미진 곳 2층에 죽집을 열었다. 도로변도 아니고 주택가도 아니었기에 사람들의 발길이 많지 않았다. 그때엔 손님 한 명만 와도 하나님처럼 보였고, 하나님처럼 섬겼다고 말한다. 그래서 100 그릇을 목표로 정해서 남편과 같이 전단을 돌리고 붙였다. 개업 4-5개월이 지나자 100 그릇이 넘었고, 계단까지 줄을 서서 손님이 기다리게 되었다. 지금은 (2022년 기준) 전 가맹점 통틀어 약 10만 그릇을 팔고 있다.

이렇게 하나님의 축복은 시작되었다.

"사람들이 오면 세 번 놀랍니다. 고급스런 인테리어 보고 놀라고, 메뉴판에 적힌 가격 보고 놀라고, 맛과 양을 보고 놀랍니다."

"할 수 있거든이 무슨 말이냐 믿는 자에게는 능히 하지 못할 일이 없느니라" (막 9:23)

무릎 경영의 뿌리

최복이 대표의 친정은 오랜 종가집이며, 불교 집안이라 절과 스님과 늘 친했다. 대학 시절 지금의 남편을 만났는데, 남편이 그리스도인이었다. 대학교 3학년 때부터 교회에 다니기 시작했다. 신앙생활에 있어서는 시어머니의 영향이 아주 컸다. 남편을 따라 미래의 시어머니를 뵈러 서천에 내려간 적이 있다. 당일로 올라오기엔 먼 거리였다. 그때 어머니와 함께 잠을 자게 되었는데 잠결에 누군가 자꾸 만지는 느낌을 받았다. 살짝 눈을 뜨고 보니 어머님께서 최 대표의 손과 발을 만지시며 기도를 하고 있었다. 어릴 때부터 불교 문화에만 익숙했던지라 내심 큰 충격을 받았으나 가슴이 뭉클해지며 감동이 밀려왔다.

시어머니는 36세에 남편을 잃었기에 혼자 다섯 자녀를 키우셨다. 새벽마다 다섯 자녀 이름을 일일이 다 부르시며 기도하셨다. 장마다 다니며 비단 포목을 파셨는데, 장을 보려면 새벽에 나가셔야 했다. 그래서 예배당에 갈 수 없으니 집에서 기도하고 찬양을 하셨다.

혼자 힘으로 어떻게 자녀를 키우시나 걱정했는데 그 모든 힘의 원천은 어머니의 신앙이라는 것을 알게 되었다.

2년 전에 시어머니는 하나님 품으로 가셨고, 그 기도의 자리를 최복이 대표가 이어받았다. "은혜가 풍성한 하나님을…", 어머니의 찬양 소리가 아직도 최 대표의 귓전에 남아 있다.

하나님의 도우심으로 좌절과 실패에서 다시 일어설 수 있었다. 패자부활전을 펼치게 되었다.

시편 131편 다윗의 고백이 최 대표의 고백이 되었다.

> "여호와여 내 마음이 교만하지 아니하고 내 눈이 오만하지 아니하오며 내가 큰일과 감당하지 못할 놀라운 일을 하려고 힘쓰지 아니하나이다 실로 내가 내 영혼으로 고요하고 평온하게 하기를 젖 뗀 아이가 그의 어머니 품에 있음 같게 하였나니 내 영혼이 젖 뗀 아이와 같도다."(시 131:1-2)

국어국문학을 전공하고 시인이던 최 대표가 죽을 만들고, 브랜드를 만들고, 경영인이 된 것이야말로 기적 중의 기적이다.

"저는 원래 요리사가 아니거든요, 정말 라면밖에 못 끓이는데, 글이나 쓰던 저를 이 자리에 앉히셨으니 기적이지요. 저처럼 부족한 사람을 하나님을 자랑할 수 있는 자리에 세운 것도 기적이고요."

가난과 절망을 깊이 체험한 최 대표는 낙심하고 어려운 이웃을 볼 때마다 마음 아팠다. 그래서 자기를 다시 일으켜 세우신 예수님의 사랑과 축복을 전하고 싶었다. 빵과 복음, 죽과 복음이 늘 같이 가야 한다고 그는 주장한다. 또 자신이 어려웠던 시기에 하나님이 도와주셨듯이 작은 예수의 삶을 이어가고자 힘쓰고 있다.

특히 해외의 기아와 고아들에게 빚을 지고 있다는 마음을 버리지 못하는 데에는 그만의 지극히 개인적인 이유가 있다.

"저는 조금만 잘되면 흥분하고 교만하고 다 내가 잘했다고 자부하던 어리석은 사람이었습니다."

"제가 아프면 하나님이 더 아파하셨고 제가 기쁘면 한없이 기뻐하셨다"고 시를 통해 하나님의 사랑을 노래한다. 그리고 남은 인생은 하나님을 사랑하고 이웃을 사랑하는 하나님의 사람으로 살겠다고 다짐한다.

비즈니스 선교를 표방하는 기업이 많지만, 어느 시점에 이르면 선교가 중심인지 비즈니스가 중심인지 모르게 되는 경우도 종종 있다. 그래서 최 대표는 자신이 진짜인지 가짜인지 주께 늘 묻는다.

또 자신이 보기엔 진짜 같지만 하나님이 보시기엔 가짜일까 봐 두려워한다.

자신은 나눔과 섬김을 행하고 있다고 하지만 그것이 어쩌면 욕심이나 허영이면 어쩌나 걱정한다. 그래서 "저의 믿음 없음을 도우소서"라고 기도한다.

"삶이 나에게"라는 시에는 최복이 대표의 지난 삶과 소망이 잘 담겨 있다. 이 시는 카톡을 통해 무수히 공유되면서 힘들어하는 많은 이를 위로한다.

"너무 뒤돌아보지 말라 하네… 우리가 이처럼 세상에 온 이유는 사랑하기 위한 것이므로."

> "인자가 온 것은 섬김을 받으려 함이 아니라 도리어 섬기려 하고 자기 목숨을 많은 사람의 대속물로 주려 함이니라" (막 10:45)

우리가 세상에 온 이유는

국내 프랜차이즈 업계에서 본아이에프의 위상은 이미 잘 알려져 있다. 본죽이 성공가도만 달린 것은 아니다. 하나님은 형통과 권고를 병행하신다. 사람이 먹는 음식을 취급하고, 전국에 가맹점이 늘어나다 보니 예측하지 못한 사고가 났다. 2010년에는 한국 프랜차이즈 대상대통령상을 수상하고, 전국 프랜차이즈 수가 1,500개나 되었을 때 어려움이 찾아왔다. 수익을 지나치게 우선시하는 일부 가맹점 주인들로 인한 사고였다. 모 방송국 고발 프로그램에 나오면서 엄청난 타격을 받았다. 본죽을 믿었던 만큼 소비자들의 반응도 냉담했다. 매출은 반 토막이 났다.

"저는 이제 다 끝났다고 생각했어요."

그러나 최 대표는 이 사건을 본사와 전 가맹점이 거듭나는 계기로 삼았다. 가맹점이 생계형이라는 것을 감안하고 본사에서 더 철저하게 관리하지 못한 것을 인정하고 변명하지 않았다. 그리고 이것을 하나님의 권고라고 생각했다. 최복이 대표가 대표 자리에 앉게 된 것도 이 무렵부터이다. 그 전에는 남편이 대표였다.

지금은 기업의 목표와 선언이 주변 사람들의 시선을 모으고 있다. "생명을 살리는 기업", "본으로 행복을 돕는 사람들"이라는 미션으로 소외된 이웃을 돕고 있다. 수익의 10%를 이웃과 나누는 데에 사용한다. 본죽의 나눔 미션은 사내 문화로까지 자리잡았다.

복지 재단 '본사랑'을 통해 굶주리는 지구촌 아동을 지원한다. 선교 기관 '본월드미션'은 해외 한인 선교사들을 후원하고 동역한다. 본사랑 재단을 통해 그 섬김과 나눔의 행보는 담을 넘어 해외로 이어지고 있다. 또 해외사업법인 본월드의 수익금은 100% 모두 선교와 구제에 사용된다. 한 예로 창립 16주년(2018년)에는 동대문 쪽방촌 등대교회와 함께 쪽방촌 새단장 행사를 하면서 희망을 전했다.

우리가 세상에 온 이유는 사랑을 흘려보내기 위해서다. 그리고 그 사랑의 원천은 그리스도이다. 최복이 대표가 죽 한 그릇에 꿈과 사랑을 담아 나눌 수 있는 것은 그가 먼저 예수님의 사랑을 경험했기 때문이다. 또 '선한 부자의 꿈'을 실현했기 때문이다.

지금은 비즈니스 선교사로 하나님이 주신 사명을 충실히 감당하고 있다. 무엇보다 나눔에 인색하지 않은 부자의 삶을 실천하고 있다. 이미 여러 권의 시집을 냈고, 랭보문학상, 임화문학상을 수상하기도 했다. 본죽을 경영하기 시작한 이후엔 본죽의 경영 철학과 인생 여정을 이야기하는 책을 여러 권 냈다. 또 간증과 강연 활동을 꾸준히 하고 있는 최 대표에겐 "무릎 경영인"이란 별명이 붙어 있다. 그 결과 아름다운기업인상, 행복 나눔인상 등을 수상했다.

본죽은 명실공히 이 시대에 필요한 비즈니스 선교의 모델을 제시하고 있다.

"하나님을 사랑하는 자 곧 그의 뜻대로 부르심을 입은 자들에게는 모든 것이 합력하여 선을 이루느니라"(롬 8:28) -설립 이념-

02

영육 치료 전도사

-매그너스 의료 재단 이사장 손의섭 장로-

저도 저들처럼 하나님을 믿게 해주세요

손의섭 장로는 농부의 아들로 태어나 어려운 가운데 공부를 했다.

"제가 공부는 잘했는데 가정 형편상 서울에 있는 대학에는 갈 수 없었어요."

그런데 어느 날, 선생님으로부터 솔깃한 이야기를 듣게 되었다. 서울교육대학교라고 2년 제 대학이 있는데(그 당시엔 교육대학이 2년 제였음.) 학비가 싸니 일단 이곳에 들어가서, 졸업한 후 선생님이 되면 돈을 벌면서 하고픈 공부를 하라는 것이었다. 손 장로는 선생님 말씀을 따라 서울로 올라가 서울교육대학에 입학했다. 그리고 교사 생활을 하면서 건국대학교 정외과 야간대학에 입학했다.

"아주 우수한 학생들만 들어간다는 말을 듣고 그 과를 지원했지요."

졸업 후, 유한양행에 입사해서 14년 동안 직장생활을 했다. 얼마나 일에만 몰두했던지 몸이 망가질 지경에 이르렀다. 그러나 병원에 가면 이렇다 할 원인이 발견되지 않았다. 미국에 있던 친구가 건강기능식품으로 버섯 균사체를 먹어보라고 했다. 그런데 그것을 먹고 놀랍게 회복되었다. 이후 손 장로는 수년간 연구 끝에 '버섯 균사체' 전문가가 됐다. 이를 계기로 보안 대체의학 공부를 하게 되고, 강의도 하게 되었다.

한국 매그너스를 만들었다. 매그너스(Magnus)는 라틴어로 '위대한, 강력한'이란 뜻이다. 표고버섯 균사체 추출제품 회사 사장과의 인연으로 인해 이 이름을 사용하게 되었다. 보안 대체 식단, 운동 요법, 생활 요법 등도 지도했다. 효과가 좋다는 소문이 나니 사업이 번창했다. 특히 암 환자들이 방사선 치료나 수술 후 면역력이 약해지고 부작용도 나타나는데, 이것들을 돌볼 병원이 없었다. 그래서 이들 암 환자를 위해 의학과 요양을 합친 병원을 만들었다.

그런데 1983년 12월 말, 비극적인 사건이 발생했다. 4형제 가운데 둘째인 손 장로의 막냇동생이 죽었다. 의대에 입학하여 전문의가 된 막냇동생은 손 장로에게 자랑거리였다. 비싼 의대 등록금도 손 장로가 다 대주었다. 그런데 그 동생이 군대 의무관으로 있을 때, 한 병사가 농약을 먹고 자살을 기도했다. 그래서 그 병사를 구해내고 돌아올 때, 구급차 차가 굴러 운전병과 함께 사망한 것이다.

"제가 가장 사랑하던 동생이 그렇게 가고, 매일 꿈에 나타났어요, 보고 싶고."

동생이 다니던 교회 성도들이 손 장로를 교회로 인도했다. 그때 손 장로는 하나님을 만나게 된다.

"동생에게 그런 사고가 일어나지 않았더라면 저는 교회에 안 나갔을 겁니다. 동생을 제가 데리고 있었을 때, 그 방에 사람들이 모여 성경 공부를 하면 제가 다 쫓아냈거든요."

손 장로는 그때 일을 생각하면 동생에게 참 미안하다고 한다. 그 당시엔 성경 공부니, 기도니 하는 것에 대해 몰랐으나, 결혼 후 성령을 체험하고 본격적으로 하나님의 사람이 되었다고 말한다.

그래도 초신자 시절엔 목사님 설교만 시작되면 졸음이 쏟아졌다. 설교가 끝나면 깨고, 큰 소리로 기도하는 사람들을 보고는 "하나님, 저도 저 사람들처럼 하나님을 믿게 해주세요."라고 기도했다.

믿음이 자라면서 손 장로는 하루에 세 갑씩 피던 담배도 끊었다. 저게 무엇인가 의아해하던 방언 은사도 받았다. 그리고 오로지 하나님 사역에만 매달렸다. 무슨 일을 하든지 먼저 하나님께 기도로 묻는다. 말씀과 사람을 통해 일하시는 하나님을 무수히 체험했기 때문이다.

『내가 만난 하나님의 기족들』이란 간증집을 펴냈다. 판매용은 아니고 개인이든 단체든 원하는 사람들에게 무료로 나눠주고 있다. 비용은 매그너스 의료 재단에서 지원한다.

'영육 치료 전도사'로 불리다

손 장로는 2002년 5월, 경기도 남양주시 수동면에 매그너스 재활요양병원을 설립했다. 최신 설비를 갖춘 호텔급 요양 시설이다. (참고로 요양 시설은 장기 노인 요양 보험에 근거한 시설이고, 요양병원은 의료법에 근거한 시설이다.) 병상 수만 해도 200개가 넘는다. 2008년에는 호평재활요양병원을, 2010년에는 강원도 춘천에 암 환자를 위해 '암스트롱요양병원'(암스통은 영어로 I'm strong: 나는 강하다)을 개원했다. 이어 최근에는 실버타운 '매그너스 레지덴샬'도 개원했다. 손 장로는 이 모두를 기독교 정신으로 운영하고 있다.

이 모든 과정이 순탄하지 않았지만, 신앙으로 하나님을 굳게 의지해 꿈을 견고하게 지켜낼 수 있었다. 양·한방 시설에 양·한방 전문의들의 협진과 환자 본위의 친환경 요양병원을 지향하면서 하나님 말씀을 더 했다. 몸을 고치기 전에 마음을 고치고, 마음을 고치기 전에 영을 살리기 위해서이다. 그러다 보니 '영육 치료 전도사'라는 칭호를 얻게 되었다. 현재 손 장로는 현재 의료법인 매그너스 의료 재단과 사회복지법인 매그너스 복지 재단의 이 사장을 맡고 있다.

매그너스 의료 재단은 의료와 복지라는 양 날개를 펼쳐 많은 이들을 돕고 있다. 서비스를 우선으로 하고 계산은 나중에 하자는 것이 손 장로의 신념이다. 아울러 매그너스 복지 재단과 사단 법인 '웰 인터내셔널'(기독교 정신을 바탕으로 국내외에서 기아와 질병으로 고통받는 이웃을 찾아가 사랑을 나누고 돌보는 국제구호개발단)을 통해 국내외에서 나눔과 섬김을 실천하고 있다. 돈을 벌려고 시작한 병원이 아니라 적자가 나도 하나님과의 약속을 믿고 밀고 나갔다.

다음 세대에게 물고기 잡는 법을 가르치라

손 장로는 자신이 소유한 물질은 하나님이 맡겨주신 것으로 생각한다. 따라서 선한 청지기로서 그것을 잘 관리하는 것이 그리스도인으로서의 책임이라고 강조한다. 즉 물질을 필요로 하는 사람들과 최대한 공유해야 한다고 생각한다.

손 장로는 불우한 청소년, 즉 다음 세대를 소중히 여긴다. 이들이 스스로 서서 자신의 삶을 개척해나가도록 최대한 돕고 있다. 손 장로는 건강은 타고나는 것이 아니라 자신이 만들어나가는 것이라고 늘 말한다. 다음 세대를 돕는 일에 있어서 같은 철학이 적용된다. 한 예로 손 장로는 일시적으로 물고기를 던져주는 식의 도움을 경계한다.

"일시적인 봉사는 완전한 자립에 도움이 안 됩니다. 이들이 직접 물고기를 잡는 방법을 알려줘야 합니다. 그리고 도움을 받은 청소년은 나중에 반드시 다른 청소년을 도우라고 권고합니다."

손 장로가 말하는 물고기 잡는 법 가운데 하나가 정기적금 통장 후원이다. 청소년들의 명의로 정기적금 통장을 만들어주고, 고등학교를 졸업할 때까지 3-5만 원씩 정해진 금액을 입금한다. 만기가 될 때까지 손 장로가 직접 통장 관리를 한다. 목돈이 모일 때까지 중도 인출을 막기 위해서이다. 물론 매월 금액 확인은 할 수 있다. 이렇게 쌓인 돈은 대학 등록금이 되기도 하고, 취업 후 전세 보증금이 되기도 한다.

지역 소년 소녀 가장들과 멘토-멘티를 위한 결연도 하고 물질적 지원 외에 학업과 진로 등 고민 상담도 도와왔다. 이러한 손 장로의 도움의 손은 국내에만 머물지 않는다. 미얀마를 포함한 동남아 오지인들에게 무료 진료 서비스를 하고 있다. 그뿐 아니라 현지에 옥수수빵 공장을 설립했다. 생산되는 빵의 3분의 1은 현지 판매망을 통해 도매가격으로 판매하고, 나머지는 굶주리는 어린이들에게 매일 나눠준다. 판매액으로 다시 빵을 만들기 때문에, 지속적인 나눔이 가능하다.

손 장로는 지난 2019년 3월 7일, '2019 한국의 영향력 있는 CEO 대상' 시상식에서 '고객만족경영' 부문 수상을 했다. 그는 말한다.

"시간이나 물질, 모두 내 것이 아닙니다. 그래서 살아가는 동안 잘 관리해서 우리 후손들과 사회에 돌려주는 것이 가장 올바른 길이라 생각합니다. 이제는 단순히 후원하는 것을 넘어서 후원이 또 다른 봉사를 낳고 서로서로 사회 발전에 이바지할 수 있도록 노력해야 할 때입니다."

03

짜장면을 싫어하는 사람이 있을까?

-은혜 짜장 선교단 김중교 목사-

새벽부터 짜장면 재료를 만드는 사람

20여 년간 한 손엔 짜장면을, 한 손에는 복음을 들고 달려온 사람이 있다. 그는 바로 은혜 짜장 선교단의 김중교 목사다. 그는 전국 방방곡곡을 다니며 배가 고프고 사랑이 목마른 이웃들에게 따끈따끈한 짜장면을 대접하며 하나님의 사랑을 전한다. 지금까지 100만 그릇 넘게 사랑을 전했다. 김 목사가 경험하는 오병이어의 기적을 만나보자.

김 목사는 매일 새벽 2시에 일어나 새벽 기도를 드린 후 짜장면 재료를 만든다. 하루 만드는 짜장면 분량이 평균 500명 분량이다. 군부대는 보통 1,000명에서 3,000명 이상인 경우도 많다. 더구나 군인들은 대부분 한 그릇이 아니라 두 그릇 이상 먹는다. 이렇게 엄청난 양의 짜장면 재료를 혼자서 만든다.

"몸은 조금 힘들지만, 이웃들이 제가 만든 짜장면을 맛있게 드시는 모습을 생각하면 마음이 기쁘고 설렙니다."

은혜 짜장 선교단은 주님의 사랑이 필요한 곳이면 전국 어디든 달려가 정성껏 짜장면을 대접하고 복음을 전한다. 교도소, 군부대, 장애인 시설, 복지 시설, 쪽방촌, 독거노인, 다문화가정 지역, 새터민, 미자립 교회와 같은 소외 계층과 취약 계층을 찾아간다. 그가 이렇게 20년 동안 짜장면을 만들었으니 사람들에게 '짜장면 장인'이라는 말을 듣기도 한다. 김 목사는 어떻게 해서 특별히 짜장면으로 복음을 전하게 되었을까?

죽음 앞에서 생명을 만나다

"제가 시골에서 몹시 어렵게 자랐어요."

김 목사는 어린 시절 극심한 가난으로 힘들게 자랐다. 공장에서 돈을 벌며 학교에 다녀야 했고, 고등학교도 5년 만에 간신히 졸업할 수 있었다. 그는 가난에 한이 맺혔기에 장차 돈을 벌면 부모님께 효도하고 어려운 이웃을 도와야겠다고 굳게 결심했다. 졸업 후 바로 취직하여 성실하게 일하여 악착같이 돈을 모았다. 26세에 결혼하고 이후 자동차 부품 공장을 운영하는 사장이 되었다.

3개월 매출이면 아파트 한 채를 살 정도로 사업이 성공적으로 잘 되었다.

그런데, 그에게 갑작스럽게 불행이 찾아왔다. 공장에 큰 화재가 일어난 것이다. 공장이 완전히 불탔고 하나도 남지 않았다. 한순간에 모든 것을 잃게 되었다.

"월세 백만 원에, 작은 창고를 얻어서 거기서 두 아들 하고 아내랑 저랑 같이 살았어요. 할만한 일이 전혀 없었고, 일하긴 했는데 배송 일이었어요. 중국집에 물건을 납품했지요."

그는 당시 교회는 다녔지만, 신앙은 없었다. 하나님을 만나지 못한 상태였고 성경 말씀도 전혀 몰랐다.

"공장 화재로 제 마음에 시험이 들었습니다. 하나님에 대한 불신이 점점 더 커졌습니다. 살아갈 희망도 없고, 살아갈 자신도 없었습니다. 앞으로 아내와 어린 두 아들 엄청나게 고생시킬 일만 남았는데 이렇게 살면 뭐 하나 허무한 생각이 저를 완전히 사로잡았습니다."

결국 어느 날 새벽, 그는 무서운 결심을 했다. 앞으로 아내와 두 아들 죽도록 고생시키느니 차라리 지금 다 같이 죽는 것이 좋겠다고 생각했다. 가족을 모두 자동차에 태우고 고속도로를 최대한 빠른 속도로 달렸다. 그런데 그가 핸들을 급하게 돌리려는 순간, 하나님께서 그의 손을 막으셨다. 갑자기 그의 마음에 찬란한 빛과 함께 성경 말씀 한 구절이 충격적으로 나타났다.

"나를 따라오라 내가 너희를 사람을 낚는 어부가 되게 하리라."(마 4:19)

그는 급히 브레이크를 밟았고 자신의 계획을 포기할 수밖에 없었다. 결국 그날, 하나님의 말씀이 그의 가족 모두를 죽음에서 살려냈다.

하나님의 말씀은 살아 있고

김 목사는 집으로 돌아와 방안 한구석에 먼지가 켜켜이 쌓인 성경책을 찾았다. 그리고 자신의 가족을 살려낸 그 말씀이 성경 어디에 있는지 찾아보았다.

"저는 마태복음 4장 19절 말씀을 평소에는 잘 알지도 못했습니다. 그런데 제 인생의 절체절명의 위기에 그 말씀이 섬광과도 같이 나타난 것이죠. 결국 하나님의 말씀이 제 가족을 살려냈고 저는 '아, 이것이 바로 하나님 말씀의 능력이구나!' 하고 크게 깨닫게 되었습니다."

그날 이후 김 목사는 온종일 성경에 빠져들었다. 성경 말씀 한 구절

한 구절이 마음에 깊이 들어왔다. 성경을 읽는데 마음이 뜨거워지고 계속 눈물이 났다. 성경을 읽다가 마침내 하나님을 만나게 되었다. 이제 더는 세상 성공에 집착하지 않고 오직 하나님께서 기뻐하시는 일을 하리라 결심했다. 그는 하나님의 종으로 부르심 받은 후 35세에 신학교에 입학했다.

신학생 시절 배달 일을 하며 중국집을 오가게 되었다. 어느 날 그는 중국집 사장이 짜장면 만드는 모습을 보는 순간, 마음에 큰 감동이 왔다. '아, 바로 이거다! 짜장면으로 전도해야겠다!' 하는 마음이 들었다. 성령께서 주신 감동이었다. 이후 그는 중국집 사장에게서 짜장면 만드는 기술을 열심히 배웠다.

"짜장면을 시작했던 계기는, 그러니까 신학교에서 한 6년 공부할 때, 아르바이트로 짜장면 만드는 법을 배웠어요."

그리고 마침내 2008년 은혜 짜장 선교단을 창단하게 되었다.

은혜 짜장 선교단은 평일에는 노숙자, 재소자, 독거노인, 장애인 단체, 다문화가정 등 소외된 이웃들이 있는 역전, 교도소, 쪽방촌, 복지 시설로 간다. 주말에는 전국의 군부대와 미자립 교회를 찾아간다. 150kg 무게의 대형 솥과 휴대용 가스버너, 식기류 등 40여 종의 장비를 트럭에 싣고 전국 방방곡곡을 달린다. 2008년부터 본격적으로 시작한 사역은 1년 평균 250-300회 이상, 하루 평균 이동 거리 200km 이상, 그가 만든 짜장면은 지금까지 100만 그릇이 넘는다.

이렇게 엄청난 규모의 사역에 재정은 어떻게 감당할까.

"어딜 가든 1,000그릇은 기본으로 만듭니다. 저의 사역이 주위에 조금씩 알려지게 되면서 몇몇 교회에서 후원금을 주시면 그 재정으로 다음 봉사에 재료비로 사용합니다."

그는 이것이 바로 성경에 나오는 오병이어의 열두 바구니의 은혜라고 강조한다. 봉사도, 후원자도 계속 이어지도록 하나님께서 지속해서 부어 주시고 채워주시는 은혜를 그는 매일 경험한다.

김 목사는 오랜 사역으로 허리협착증이 생겨 통증으로 힘들 때도 있다. 그런데 다음과 같은 말을 들으면 큰 힘이 난다.

"일반 짜장이 아니라 은혜 짜장이라 그런가요? 짜장면 중의 최고입니다!"

이 말을 하면서 맛있게 드시는 모습을 보면 피곤함이 눈 녹듯 사라진다. 그래서 그는 새벽마다 짜장 소스를 볶을 때 간절히 기도한다.

"하나님! 오늘도 수천 명이 이 짜장면을 먹습니다. 사람마다 하나같이 다 입맛이 다른데 제가 어찌 그들의 입맛을 다 맞출 수 있겠습니까. 그러니 가장 최고의 맛을 주님께서 만들어 주소서!"

5천 명을 먹이다

　사역하며 감동적인 일들이 많았지만, 그는 특히 육군 논산훈련소 군부대 사역을 잊지 못한다. 논산훈련소는 우리나라 최대 규모의 부대이다. 군부대 대표는 한편으로 걱정을 했다. "취지는 좋고, 감사합니다만 도대체 단시간에 5천 명에게 짜장면을 주는 것이 가능한 일입니까?"라고 했다. 한 사람당 두 그릇을 예상하고 5천 명이면 1만 명 이상의 분량을 준비해야 한다. 김 목사는 성경의 오병이어 기적이 떠올랐다. 오병이어의 기적을 보면 예수님께서 당시 장정만 5천 명을 먹이셨다. 그렇다면 오늘날 장병 5천 명이 한자리에서 짜장면을 먹는 기적은 왜 불가능하겠는가 하는 확신이 들었다.

　김 목사의 경험에 의하면, 짜장면 봉사가 있는 날은 어느 군부대나 예외 없이 평소와는 달리 예배당 안이 꽉 찬다. 논산훈련소도 마찬가지였다. 5천 명 넘는 군인들이 예배당 안으로 물밀듯 밀려 들어왔다. 김 목사는 그렇게 엄청난 수의 군인들이 예배당에 들어오는 풍경을 태어나서 처음 보게 되었다. 대대장이 말했다. "이렇게 많은 인원이 예배당에 들어오는 건 저도 처음 봅니다. 논산훈련소 역사 이래 오는 최대 규모의 예배를 드리게 되었습니다!" 김 목사는 눈시울이 붉어지고 가슴이 벅차올랐다.

　예배를 드린 후 군인들에게 짜장면을 대접했다. 한 사람당 두 그릇을 예상해서 1만 2천여 명 분량을 준비했다. 동역자인 목사님, 사모님, 권사님, 집사님들이 함께 합력해서 배식을 도왔고 군부대 취사병들도 합력했다. 늘 그랬듯이 하나님께서 지혜를 주셔서 현장에서 돕는 손길들을 진두지휘하게 하셨다. 배식이 원활하고 일사불란하게 이루어졌다. 군인들이 짜장면 면발이 쫄깃쫄깃하다며 너무도 맛있게 먹었다. 그리고 며칠 후 논산훈련소에서 전화가 왔다. "이번에 3천 명이 세례 받았습니다!" 김 목사는 "할렐루야!"를 외치며 울먹이며 하나님께 기쁨과 감사의 기도를 올려드렸다.

짜장면 100만 그릇, 주님이 받으셨습니다.

김 목사 역시 코로나 사태를 피해갈 수는 없었다. 짜장면 사역을 쉬고 대신 마스크 사역을 했다. 어려운 이웃들에게 마스크를 기부했다. 그동안 짜장면 사역을 하느라 목사 안수받는 것을 계속 미루어왔는데, 목사 안수를 받고 2022년 3월 교회를 개척했다. 코로나 사태가 안정되면 교회 사역과 더불어 다시 짜장면 사역을 시작할 예정이다.

김 목사 자신은 기쁘게 사역을 하고 있지만, 가족들에게는 항상 미안한 마음이다. 짜장면 사역을 하면서 수시로 이사를 해야 했다. 양파값이 폭등하는 1-4월 기간에는 예산이 수백만 원이나 차질이 생긴다. 양파값을 감당하느라 주택 보증금을 빼서 이사를 했다. 자녀들 유치원도 학원도 한 번 못 보내며 키웠다. 아내는 온갖 어려운 일을 하며 가족의 생계를 유지해왔다. 그런데도 한마디 불평도 없이 자신을 믿고 따라와 주는 아내가 너무나도 고맙다.

"짜장면 100만 그릇은 하나님께서 하신 일이기에 가능했습니다. 사람들은 짜장면 한 그릇을 가볍게 생각하지만, 저에게 짜장면은 천하보다 귀한 한 영혼을 위한 음식입니다. 주님 앞에 서는 그날까지 짜장면으로 전도하며 한 영혼이라도 더 하나님께 인도하겠습니다."

이 땅에 여전히 배고프고 사랑에 목마른 이웃들이 있는 한 김 목사의 오병이어 기적은 계속될 것이다.

04

내가 내 아우를 지키는 자니이까

-사회적 기업 브라더스키퍼 대표 김성민-

성도 이름도 없던 아이

1988년, 경북 안동초등학교 앞에서 한 아이가 발견되었다. 분홍색 옷을 입은 그 아이, 이름도 없고, 나이도 정확히 모른다. 다만 3살로 추정된다는 경찰 기록만 있을 뿐이다. 그래서 출생 연도는 1985년이 되어버렸다. 이름 없던 이 아이에게 김성민이란 이름이 주어졌다. 김 씨라는 성도 그가 자란 보육원 원장의 성을 따른 것이다.

어느 부모가 아기를 버렸을까? 보육원에서 자라난 이 아이는 자라남에 따라 부모에게 버림을 받았다는 생각이 점점 더 깊은 상처가 되었다. 그리고 그 아물지 않은 상처 속에 복수심이 자랐다. 맞기도 하고 배가 주릴 때마다 이 모두가 부모 때문이라고 생각했다. 중학교 시절엔 실제로 가방에 주방용 칼을 넣어 다녔다. 혹시라도 자기를 낳은 부모를 만난다면 그 칼로 찌르리라고 다짐했다. 부모에 대한 아이의 증오와 원망은 이처럼 컸다.

그는 고등학교를 졸업할 때까지 보육원에서 지냈다. 그 당시 보육원에는 80명의 원생과 세 분의 선생님이 있었다. 일일이 아이들을 보살피기에는 부족한 인원이다. 그러다 보니 작은 아이들은 큰아이들의 손에서 컸다. 형들로부터 주먹다짐을 당하면서 자연스레 폭력 문화를 접하게 되었다. 기독교 재단의 보육원이라 아이들은 의무적으로 교회에 나갔다.

초등학교에 들어가기 전, 주일 학교 선생님이 이런 말을 했다.

"성민아, 네가 하나님의 뜻대로 기도하면, 하나님이 모두 들어주실 거야."

이 말이 그에겐 큰 힘이 되었다. 지금까지 자기 편이 되어준 사람이 하나도 없었는데, 드디어 내 편이 생겼다는 생각에 마음이 뿌듯했다.

주일 학교를 마치고 보육원으로 돌아가자마자 여느 때처럼 맞는 시간이 돌아왔다. 눈을 감기가 무서워 눈을 뜨고 속으로 기도했다.

"하나님. 이번만은 맞지 않게 해주세요."

그러나 기도의 응답은 없었고, 오히려 다른 때보다 더 심하게 맞았다. 그는 보육원 후미진 곳으로 가서 하늘을 향해 삿대질하며 하나님께 욕을 했다. 아이들로서는 과하다 싶을 정도로 독한 욕이었다.

초등학교에 입학하면서 김 대표는 부모가 있는 아이와 없는 아이의 차이를 몸으로 확연히 느낄 수 있었다. 우선 보육원 아이들은 '선생님'의 손을 잡고 학교에 오는데, 다른 아이들은 엄마·아빠의 손을 잡고 왔다. "엄마·아빠" 지금까지 한 번도 불러본 적이 없는 호칭이었다. 부모가 없다는 것이 단순한 상실감만 안겨주는 것이 아니었다. 학교에서 물건이 없어지기라도 하면 보육원 아이들이 제일 먼저 의심을 받았다.

왜 그때엔 제 기도를 들어주시지 않았나요?

그러던 어느 날, 교회 청년부에서 보육원으로 수련회를 왔다. 그 청년들은 말로 복음을 전하기보다는 그냥 보육원 아이들을 보듬고 사랑했다. 말썽을 부려도 참고 기다려주었다. 한 번도 경험하지 못했던 사랑을 청년들을 통해 느꼈다.

"저희는 잘해도 맞고, 못 해도 맞아요. 그런데 그분들을 통해 사랑이라는 것을 처음 느낀 거예요."

청년들은 저녁마다 예배실에 올라가 예배를 드렸다. 그 모습을 본 그는 그들이 믿는 하나님을 자기도 만나고 싶었다고 한다.

수련회 3일째 되던 날, 보육원 아이들도 함께 예배에 참석했다. 그때 예수님을 만났다. 그전에도 하나님을 욕하긴 했으나 가끔씩 기도를 계속했었다고 한다. 왜 전에 제가 처음 기도할 땐 기도를 들어주시지 않았느냐고 하나님께 물었다. 그러자 하나님이 그의 마음속에 이런 답을 주셨다.

'성민아, 네가 그런 경험을 하지 않았더라면 너희 가족의 마음을 이해할 수 있었겠니?'

그렇지만 왜 제가 저 사람들 때문에 그런 경험을 해야 하느냐는 생각으로 그의 맘속엔 여전히 억울한 마음이 있었다. 그는 지금껏 자신이 죄인이라는 생각을 한 번도 한 적이 없었다. 자기를 때리는 형들, 폭력을 방조하는 선생님과 누나들이 다 죄인이라고 생각했다. 그런데 그 순간엔 동생들을 괴롭히던 자기가 죄인이라는 생각이 들었다. 그리고 전에는 눈도 제대로 마주치지 못하던 형들을 찾아가 끌어안고 눈물을 쏟으며 기도를 했다. 그러자 형들도 함께 눈물을 흘리며 기도했다. 자기 자신의 행동에도 놀랐지만, 형들의 행동에 더 놀랐다.

세상은 여전히 바뀌지 않았지만, 성령을 체험한 그의 삶은 완전히 달라졌다. 전에는 자신이 고아라는 자격지심으로 인해 힘들어했지만, 지금은 고아라는 것이 스펙이 되었다고 말한다.

"그 후 분노가 감사로 바뀌었습니다."

크게 흔들리는 믿음

그는 학교에 가자마자 제일 먼저 큐티를 했다. 집(보육원)은 큐티를 할만한 환경이 못 되었기 때문이다. 큐티를 통해 앞으로 어떠한 모습으로 살아가야 할지 매일 배우고, 실천하는 삶을 살고자 애썼다. 그런데 퇴소를 앞두고 그의 신앙이 크게 흔들리기 시작했다. 전에는 그렇게 흔들린 적이 없었다. 찬양을 좋아하던 그는 찬양 사역자가 되는 것이 꿈이었다. 그래서 찬양 사역과에 갈 생각으로 준비를 했다. 그런데 그 무렵 보육원 안에서 불미스러운 일이 발생했다. 그 일을 구체적으로 말할 수는 없지만 자기보다 오래전에 신앙생활을 했던 사람이 저지른 일들을 보면서 크게 실망했다. 급기야 하나님은 안 계시는구나, 내가 지금까지 경험한 것은 모두 거짓이라는 생각에까지 이르렀다. 그렇게 하나님을 저버렸고, 대학도 포기했다. 하나님의 아들이라는 자신감으로 당당히 살아오다가 다시금 고아로 돌아간 느낌이었다.

대학에 입학하면 보육원 보호 기간이 연장된다. 그래서 대학 입학은 원생들에게 아주 좋은 기회다. 퇴소하면 홀로서기를 시작해야 한다. 그런데 대학의 꿈도 사라졌고, 다시금 분노와 상처를 떠안게 되었다.

"앞서 퇴소한 선배들이 5만 원을 보내줘서 그 돈을 가지고 퇴소했어요. 가방 하나 달랑 멘 채 서울행 차표를 끊었습니다."

서울행을 택한 이유는 TV를 통해 서울 이야기를 많이 들었기 때문이다. 그런데 막상 서울에 오니 무서웠다. 갈 곳이 없어 그는 6개월 동안 노숙자 생활을 했다.

그러다가 어느 날, 깨끗하게 몸을 씻고 옷도 단정하게 입고 식당을 오픈하려는 곳으로 무작정 들어갔다. 그리고 일을 하게 해달라고 부탁했는데, 의외로 흔쾌히 승낙했다. 이것이 그에겐 첫 직장이다. 오전 7시부터 다음 날 새벽까지 계속 일을 했다. 교대하라고 했지만 교대 없이 일하겠다고 말했다. 성실히 일하자 주인으로부터 칭찬도 들었다. 보육원에서는 칭찬을 들어 본 적이 없었다. 칭찬을 들으니 피곤함도 금세 사라졌다.

고3 때 하나님을 저버린 그를 하나님이 다시 부르셨다. 전도자들에게 이끌려 서울의 큰 교회에 가게 되었는데, 바로 사랑의 교회였다. 교회에 들어서면서 찬양 소리를 듣자마자 도저히 감출 수 없는 눈물이 펑펑 쏟아졌다. 그의 신앙은 회복되었고, 더욱더 뜨거워졌다. 새벽 기도와 큐티를 지속하면서 하나님께 계속 물었다.

"하나님, 제가 무엇을 위해 살아야 합니까?"

그때 하나님은 디모데전서 5장 8절 말씀으로 답하셨다.

"누구든지 자기 친족 특히 자기 가족을 돌보지 아니하면 믿음을 배반한 자요 불신자보다 더 악한 자니라."(딤전 5:8)

비로소 보육원 가족들이 떠올랐다.

"생각해보니 제겐 그 누구보다 가족이 많았더라고요."

이후 그는 26세 때, 사회복지 선교학과에 입학했다. 그때 같은 과에서 같은 나이의 친구를 만났고, 그 친구가 지금은 그의 사랑스러운 아내가 되었다.

브라더스 키퍼

김 대표는 어느 정도 자리를 잡게 되면서부터 보육원 아이들을 돕기 시작했다. 가정보다는 보육원 아이들을 우선순위에 두고 물질과 시간을 쏟아부었다. 그러다 보니 아내에게 문득 미안한 마음이 들었다.

"하나님, 이제 그만하겠습니다. 앞으로는 한 가정의 남편으로 충실해지고 싶습니다."

그리고 보육원 아이들과는 3개월간 관계를 끊었다. 전화조차 안 받았다.

어느 날 가인과 아벨의 설교를 들었다. 동생 아벨을 죽인 가인에게 하나님이 네 아우가 어디 있느냐고 묻는다. 그랬더니 가인은 대답한다.

"내가 내 아우를 지키는 자이니까?"

형제를(아우를) 지키는 자, 영어로 브라더스 키퍼(brother's keeper)이다. 이 설교를 들었을 때 그의 마음에 큰 울림이 있었다. 그리고 가인에게서 자기 자신의 모습을 보게 되었다.

"하나님이 제게 물으셨어요, 성민아, 네 동생들이 어디 있느냐?"

그리고 그는 하나님 앞에서 다시 한번 크게 회개했다. 그리고 브라더스 키퍼라는 단어를 마음에 새기고, 앞으로 무슨 일을 하든 이 이름으로 하겠다고 서원했다. 이 서원대로 다른 보육원 출신 2명과 함께 운영하게 된 사업체 이름을 '브라더스 키퍼'로 정했다. 브라더스 키퍼는 실외 공간이나 실내 공간, 어디든 벽면이 있으면 그곳을 식물로 채우는 사업을 하고 있다. 인조 식물이 아니라 살아있는 식물이다. 관수 시설과 전기 시설이 깔려 있으므로 사람이 직접 손을 대지 않아도 식물이 잘 자라날 수 있다. 브라더스 키퍼에는 현재 9명의 직원이 일하고 있다. 브라더스 키퍼에서는 직급이 아닌 식물 이름으로 서로를 부른다.

끝으로 그는 향후 목표를 이렇게 이야기한다.

"보호 종료 청년들은 사회적 기업 관련 법에 따라 취약 계층에 포함이 되지 않습니다. 그러나 청원을 통해 취약 계층에 포함하기로 했으나 보호 종결 이후 5년까지만 유효합니다. 그러나 5년으로는 자립이

힘듭니다. '청년기본법에서 말하는 청년 연령은 만 19세 이상, 만 34세 이하입니다. 취약 계층 포함 시기도 34세까지 늘어날 수 있도록 노력하겠습니다."

05

우리 밥집

-정영일 목사-

이전의 내 모습

　인간으로 태어나 가장 견디기 힘든 부분은 먹을 것이 없어 굶주림의 고통을 겪어야 하는 생존권일 것이다. 오늘도 배고파 굶주리는 사람들이 과연 있을까 반문할 수 있으나 현실은 그렇게 녹록지 않다. 이런 현실을 피부로 느끼며 배고픈 자들을 위해 헌신하는 한 사람이 있다. 한때 쓸모없는 인생이라 포기한 자신을 일으켜 세워 고단한 이웃을 위해 생을 바치는 희망의 전도자의 삶을 한번 들여다보자. 우리 밥집을 운영하고 있는 정 목사는 자신을 가리켜 이렇게 소개한다.

"의정부에서 중고등학교를 나오고, 이 동네에서 38살까지 건달로 살았습니다."

고교평준화 이후에도 의정부시에는 소위 '명문 학교'라 칭하는 학교가 있었다. 중학교 성적이 상위권인 학생들만 입학했기에, 이 학교 학생들에겐 나름의 자부심이 있었다. 대학 진학률 역시 높았다.

그 역시 친구들처럼 열심히 공부하다가 원하는 대학에 진학해야 마땅했다. 그런데 집안의 기둥인 아버지가 쓰러졌다. 기둥이 쓰러지면 모든 것이 무너지게 마련이다. 무엇보다 경제적으로 치명타를 입게 된다. 한창 꿈을 키울 시기에 가정이 크게 흔들리다 보니 대학 진학의 꿈을 포기했다. 자포자기의 심정으로 공부와는 멀어졌고, 소위 폭력 써클 친구들과 어울리기 시작했다. 음주는 기본이었고, 본드 냄새도 맡으면서 자신의 삶을 방치했다. 그래도 고등학교를 무사히 졸업할 수 있었던 것은 담임 선생님과 친구들 덕분이었다. 등록금 미납을 핑계로 학교에 가지 않을 때는 등록금을 내주기도 했다. 특히 담임 선생님은 포기하지 않으시고 그를 설득했다.

고등학교를 졸업한 후, 어른이 되어서도 그의 삶은 여전히 궤도이탈 상태였다. 주변 사람의 눈에 비친 그의 삶은 쓸모없는 방탕한 건달일 뿐이었다. 지역 유흥업소, 부산 유흥업소 관리도 하고 운영도 했다. 이렇게 번 돈으로 사채업을 하여 고리로 큰돈을 손에 넣기도 했다. 그러나 그 돈은 얼마 못 가 술과 도박으로 다 새 나갔다. 이렇게 빈손이 되면 친구들을 찾아가 손을 벌렸다. 그들을 향한 그의 의리는 남달랐지만, 정작 친구들에겐 부담이 되었다. 어느 새 친구들에게 피해를 주는 골칫거리 인생이 되었다.

1999년 봄, 그는 자신의 삶을 곰곰이 돌아보았다. 자기 자신조차 고개를 돌리고 싶은 자화상을 확인했다.

"결혼도 실패하고, 가족도 뿔뿔이 흩어지고, 더는 살 의미가 없다는 생각이 들었지요. 부산 태종대에 가면 자살 바위라고 있는데, 거기서 죽으려고 했어요."

삶을 내던지기로 결심한 그는 부산으로 향했다. 바닷물에 풍덩 빠지면 그간의 지저분한 삶도 깔끔하게 정리되리라. 더는 그 누구에게도 거추장스러운 존재가 되지 않으리라 생각했다. 그런데, 바위 위에 올라서 뛰어내리려는 순간, 불현듯 죽음에 대한 공포가 엄습했다. 선뜻 바닷물 속으로 뛰어들 수가 없었다.

죽는 것을 잠시 유보하기로 하고 주위를 둘러보았다. 그때 가까운 곳에 있는 한 무리의 고등학생들이 눈에 띄었다. 당연히 학교에 있어야 할 시간에, 그들은 술을 마시며 노닥거리고 있었다. 이상하게도 그들에게 가서 이야기해야겠다는 생각이 강하게 들었다. 그는 이전의 자신의 모습을 그들에게서 발견하고, 다가갔다.

"나도 너희와 같았어."

그는 그들에게 자신의 고등학교 시절을 이야기했다. 그런데 지금 내 모습을 봐라, 내 꼴을, 결국 바다에 빠져 죽을 생각이나 하고 있지 않냐며 그들에게 큰 충격을 주었다.

어느 날 새벽, 그날도 도박판에서 돈을 다 날리고 술이 거나하게 취해 집으로 향했다. 그런데 주택가 가운데 솟아있는 십자가 불빛이 그를 사로잡았다.

"마치 십자가가 저를 부르는 것 같았습니다."

그는 술에 취한 상태에서 그 교회로 들어갔다. 그리고 부모님을 떠올렸다. 부모님은 인천 마가의 다락방 기도원에서 사찰 생활을 하셨다. 그제야 하나님이란 존재가 그의 머리에 떠올랐다.

2000년 봄, 그는 기도원을 찾아갔다. 하나님 앞에 엎드려 자신이 살아갈 삶의 방향을 물었다. 은혜로우신 하나님은 그의 질문에 답하셨다. 2000년 여름, 신학대학에 입학했다. 졸업 후 2010년, 그는 한때 건달 생활로 일관하던 곳, 의정부시에 개척 교회를 설립했다. 그를 알던 사람들은 매우 놀랐다. 그의 변한 모습을 본 친구와 지역 주민들은 그가 교회를 설립할 때 도움을 주었다.

굶어 죽는 이웃은 없어야지요

그는 2010년부터 밥 나눔 봉사 단체 '우리 밥집'을 운영해왔다. 그가 '우리 밥집'을 운영하게 된 계기는 이렇다. 어느 날 TV를 통해 모 성공회 신부의 이야기를 접하게 되었다. 오랜 수도원 생활을 접고 환속해서 국숫집을 운영하면서 국수 봉사를 하고 있다는 이야기였다. 그런데 그 무렵 그와 절친했던 고등학교 친구가 세상을 떠났다. 친구의 죽음은 참으로 비참했다. 알코올 중독 상태에서 노숙자 생활을 하다가 굶주린 채 동사한 것이다. 상실감을 이겨내기 힘들었다. 무엇보다 '굶어 죽는 이웃은 없어야 하지 않을까?' 깊이 생각했다.

이때, 그는 배고픈 이웃을 위해 어떻게든지 도와야겠다고 생각했다. 그렇다면 구체적으로 어떻게 다른 사람을 도울 수 있을까? 일단 국수 봉사부터 시작하기로 했다. 그러다가 어느 순간 국수 그릇은 밥그릇으로 바뀌었다. 하루에 어르신 200여 분이 이곳에 와서 식사하신다. 그런데 코로나19로 인해 비대면 국면으로 접어들자, 급식 제공이 힘들어졌다. 그래서 아예 도시락으로 바꾸어 배달하기로 했다. 매주 목요일과 토요일, 그는 170여 개의 도시락을 만들었다. 그리고 그 도시락을 소외된 이웃에게 전달했다. 그의 주머니는 늘 얄팍했다. 그러나 없는 가운데서도 가난한 사람을 돕는 일을 멈추지 않았다. 소문이 퍼져나가자 여기저기서 크고 작은 도움을 주었다.

올해 들어 12년 차 된 그의 밥집은 골목 맛집으로도 유명하다. 그는 어르신들에게 도시락을 건네면서 이렇게 말한다.

"어머니, 맛있게 잡수세요, 힘내세요."

그러면 어르신의 얼굴에는 미안함과 고마움이 뒤섞인 미소가 번진다.

그는 힘든 이웃을 일일이 찾아가 안부를 묻는다. 그리고 안타까운 사연을 듣고는 손을 부여잡고 눈물을 흘리며 간절히 기도한다. 교회가, 목회자가 지역 사회에서 할 수 있는 일은 다양하다. 그럼에도 그는 어려운 이웃에게 도시락을 전달하는 것이 자신이 할 일이며, 도시락을 전할 때, 하나님의 마음을 느낀다고 말한다.

동네 주민들은 그에 대해 이렇게 말한다.

"좋은 분이죠, 고생 많이 하신 분인데 없는 사람들 도와주시고."

오늘 메뉴는요

"오늘 메뉴는요, 흑미밥이랑 달걀말이, 부추 나물, 오징어 젓갈, 김치 볶음이에요. 그리고 맑은 고깃국입니다. 어르신들은 단백질이 부족하고 딱딱한 것을 못 드시니까. 부드럽게 만들어야 해요."

"오늘은 삼계탕과 양배추입니다. 삼계탕은 일주일에 한 번씩 드립니다."

우리 밥집의 주방 지기는 지승민 사모이다. 그녀는 메뉴를 정하고, 식자재를 위해 직접 장을 본다. 물건이 많을 땐 봉사자들과 함께 갈 때도 있다. 그가 지금까지 밥집 사역을 할 수 있었던 것은 아내의 전적인 헌신이 있었기 때문이다. 그는 이러한 아내의 헌신과 자원봉사자들의 도움에 늘 감사하다고 말한다.

"사실 제가 밥집을 시작하기는 했지만, 모든 일이 주방에서 이뤄지니까 아내가 제일 힘들었지요. 재정적으로도 넉넉지 않은 상황에서 식단을 꾸린다는 것이 정말 어렵지요. 그럼에도 아내와 함께 12년간 묵묵히 도와준 자원봉사자들이 너무도 감사합니다."

동네 주민이 아닌데도 우리 밥집 소문을 듣고, 멀리서 오시는 어르신들이 있다. 초기에는 일주일에 이틀 도시락을 나누었는데, 주 5일로 늘어났다. 자전거를 타고 이곳에 와서 도시락을 받아 가는 어르신도 있다. 비라도 올 때는 오가는 길 조심하시라고 몇 번씩 당부를 한다. 밥집까지 못 오는 어르신들에겐 그와 봉사자들이 함께 도시락을 배달한다. 나이는 젊지만 갑작스러운 사고로 움직임이 자유롭지 않은 이웃도 방문한다. 도시락을 받아든 이웃은 맨날 배달 음식만 먹다가 도시락을 먹으니까 식비도 절감되고, 무엇보다 반찬이 다양한 집밥을 먹을 수 있어서 큰 위로가 된다고 말한다.

"폐지를 모아 고물상에 팔아 생활을 하시는데, 코로나로 인해 그것마저 못하니까 어르신들이 더 힘들어졌습니다. 또 돕는 발길들도 뜸해졌고요."

이렇게 말하며 정 목사는 매우 안타까워한다. 또 물가가 뛰어 식자재 구입이 예전과 같지 않다고 한다.

간혹 어르신들이 잡동사니를 산더미처럼 쌓아놓는 경우가 있다. 그러면 그와 봉사자들이 드나들기도 힘들 정도이다. 그러면 그는 답답한 마음에 이렇게 말한다.

"이것들 몇 년 동안 모으신 거예요?"

그러면 어르신은 동문서답을 한다.

"저거 다 팔면 2천만 원어치가 넘어."

그러면 그는 웃으며 말한다.

"나중에 날 잡아서 봉사자들이랑 싹 치울 생각입니다."

그러자 어르신은 도시락이 맛있다며, 40년 동안 모은 살림살이지만 버려도 상관없다고 말한다.

'우리 쉼터'

"제 친구들, 후배들, 또 제가 아는 많은 분이 노숙 생활을 하거나 교도소에 있습니다. 그런데 주께서 이들과 함께 살아가는 것이 주님의 사랑을 나누는 것이라는 마음을 제게 주셨어요."

그래서 그는 2014년부터 의정부교도소 교정위원으로 활동하기 시작했다. 그의 밥집 옆에는 '우리 쉼터'가 있다. 이곳 쉼터는 지친 나그네가 머물며 쉴 수 있는 공간이다. 처음엔 출소자들을 위한 숙소를 제공하기 위한 것이었다. 몸만 쉬는 것이 아니라, 마음도 추스른 후 새 희망을 품고 일자리를 찾아 나서는 곳이기도 하다. 쉼터가 일종의 자활센터 역할도 한다. 실제로 병원에서 20년간 있던 분이 이곳에서 어느 정도 머물다가 새 힘을 얻고 인근에 거처를 마련해서 나간 사람도 있다. 쉼터의 임대료는 직접 마련한다. 그는 돈을 벌기 위해 연탄 배달 일도 마다하지 않는다.

다행히 경기도에서 사업비를 지원해준다. 또한 올해엔 경기도 사업인 '공유 부엌'에 선정되었다. 공유 부엌은 경기도가 먹거리 취약 계층을 위한 지역 돌봄을 확산하기 위해 시작한 사업이다. 공유 부엌으로 선정되면 부엌 리모델링, 싱크대, 조리 시설 설치 및 구매 비용, 인건비, 지역 농산물 구매 비용 등을 일부 지원받을 수 있다.

정 목사의 바람은 딱 하나다.

"영일이가 믿는 예수를 나도 믿고 싶다는 말을 들을 수 있도록 소외된 이웃을 사랑하고, 나누고 섬기는 삶을 사는 것입니다."

06

행복을 잇는 강북푸드뱅크 · 마켓

-강북푸드뱅크 · 마켓 前 소장 박남구-

배고픔이 없는 강북푸드뱅크 · 마켓

강북구청에서 위탁받아 운영하는 강북푸드뱅크 · 마켓(전 소장 박남구)은 전국 각지의 사랑의 손길을 펼친 기부자들로부터 식품 및 생필품을 받아 이를 관내 소외 계층들에게 무료로 나눠준다.

저소득층 주민들의 생활 복지 공간이며 상설 무료마켓인 강북푸드뱅크 · 마켓은 저소득 가정의 경제적 부담을 덜어주고 기초적인 영양 공급을 지원해주기 위해 쌀, 라면, 고추장, 빵, 샴푸, 신발, 의류 등 각종 농산물, 가공식품, 생활용품을 갖추고 있다.

이곳 강북푸드뱅크·마켓의 매장에서는 생활 필수품과 식료품을 가격에 상관없이 필요한 것을 지원받을 수 있다. 국민 기초생활수급자 중 회원 카드를 발급받은 구민이라면 매주 월요일부터 금요일까지 월 1회, 5개 품목을 이용할 수 있다.

박남구 소장은 지난 2009년부터 강북푸드뱅크·마켓 소장으로 근무하면서 직접 발로 뛰어 전국을 돌아다니며 저소득층과 복지관 및 복지 시설을 위한 물품 기부와 나눔의 중요성을 사업체 관계자들과 후원자들에게 설명하는 등 남다른 열정과 노력으로 각종 후원 물품을 확보하는데 주력했다. 그 결과 마켓 매장 첫 오픈 때부터 4년 동안 매년 물품 확보 기록을 경신하며 전국 최고의 후원 식품 및 물품 기탁 실적을 거둬 화제가 됐다. 이러한 공로를 인정받아 서울시 사회복지상을 수상했다. 그가 한해 발로 뛰어 거둬들인 후원 금액만도 약 40억 원에 이른다. 그만큼 또 매장을 이용하는 주민들의 수도 늘어 이용객만도 2만 400명에 달한다.

그는 "강북푸드뱅크·마켓에 물품을 후원하겠다는 연락을 받으면 후원자가 어디에 있든 찾아간다. 그동안 전국에 안 가본 곳이 없을 정도로 누볐다."라고 했다. 그렇게 직접 트럭을 몰고 밤낮을 가리지 않고 전국을 누비다 보니 사고의 위험 등 아찔한 경험도 여러 번 있었지만, 그것이 그의 후원 물품 확보를 위한 열정을 가로막지 못했다. 후원 물품 확보를 위해 1년간 달린 거리만도 10만㎞에 달한다.

그 결과 강북푸드뱅크·마켓의 매장에는 다른 지자체 푸드마켓이나

푸드뱅크 매장들보다 다양한 물품들이 확보돼 있다.

박 소장은 "전국을 다니다 보면 피곤하고 힘이 들 때도 많지만 매장을 이용하는 주민들의 감사하다는 따뜻한 인사를 대하면 피곤함도 싹 가신다"라고 말한다. "앞으로도 더 많은 후원 확보를 위해 더욱 열심히 뛸 것이며 다양한 물품 개발에 주력하겠다."라고 다짐하는 모습은 정말 아름답다. 하지만 그는 "고객들이 원하는 물건이 있는데, 못 맞추어 줄 때가 제일 아쉽다. 개인과 기업이 기부로 운영하는 행복 나눔 푸드뱅크·마켓이라는 것을 이해해 주었으면 한다."라고 말했다.

강북푸드뱅크·마켓이 있기까지

행복 나눔 강북푸드뱅크·마켓은 서울시 사회복지협의회에서 시범사업으로 뷔페나 단체 급식 등에서 버려지는 연간 10조 원의 음식물 쓰레기를 줄이자는 캠페인에서 시작되었다. 손도 안 댄 음식들을 그냥 버리는 게 아까워서 나눔 사업으로 서울시 사회복지협의회에서 창동역에 1호점을 개설하고 운영하였다. 1호점의 성과가 좋아, 전국적으로 확대하는 계기가 되었다. 이를 계기로 강북구에는 2007년 11월 1일 행복 나눔강북푸드뱅크·마켓이 문을 열었다.

그가 강북푸드뱅크·마켓을 활성화하기 위해 적극적으로 나선 건 2009년 11월이다. 소장으로 취임하고 기부자 발굴을 위해 전국을 다니며 발로 뛰었다. 기부받을 곳이 있으면 무조건 달려갔고, 대화를 통해 요청하였다. 대부분 '푸드뱅크·마켓이 뭐 하는 곳이냐?'를 물었고, 설명부터 해주어야 했다. 기부를 위해 기업과 개인 사업자들에게 적극 홍보하고 다녔다.

어느 날 한 기업체를 찾아갔는데 대표가 창고에서 직접 물건을 포장하며 나르는 일을 하고 있었다. 그는 너무 바빠 대화할 시간도 없었다. 그래서 옆에서 일을 거들었다. 같이 앉아서 물건 포장하고 차에 짐을 실어주며 며칠을 함께 하였다. 마지막 물건 내보내며 청소까지 거들었더니 회장이 웃으며 '당신 같은 사람 처음 보았다.' 하고는 기부하겠다고 하였다. 그 기부가 지금까지 이어지는데 연간 몇억이 된다.

행복 나눔 강북푸드뱅크는 식품, 생필품, 생활용품 등이 대량으로 들어오면 강북구 내 복지관, 지역아동센터, 재가 복지 시설 장애인 단체 등에 배분한다. 국민기초생활수급권자, 독거노인, 장애인, 차상위, 저소득층, 한부모가정, 다문화, 북한 이탈 주민 등 생활이 어려운 클라이언트(client)가 매장에 직접 찾아와 물품을 가져갈 수 있다. 거동이 불편한 가정은 배달도 해준다.

박남구 소장은 후원을 위해서라면 전국 어디든 밤낮을 가리지 않고 달려가 물품을 받아 강북구 어려운 이웃들에게 전달하였다. 어려운 이웃을 사랑하는 그의 마음이 각별하다고 사람들 사이에서 칭송이 전해졌고, 기부자들이 마음을 모아주어, 2011년, 12년, 13년 연속 서울시 최우수상 시장 상과 서울시 사회복지협의회와 서울시로부터 최우수 마켓으로 연속으로 선정되어 수상했다. 2014년에는 서울시 사회복지

협의회로부터 모범 구로 선정되어 수상했다.

그는 '어떻게 하면 기부를 늘릴 수 있을까?' 하는 게 항상 숙제다. 강북구가 취약 계층이 많다 보니 행복 나눔 강북푸드뱅크·마켓 회원으로 가입하기 위해 줄 서 있는 생활이 어려운 이웃들이 너무 많기 때문이다.

행복 나눔 강북푸드뱅크·마켓은 어려운 이웃들이 마켓을 무료로 이용하는 것 외에도, 어르신들을 위한 효 잔치 사업, 아이들을 위한 나들이 사업, 김장 사업, 장학금 사업, 디딤돌 사업, 이동마켓 사업, 이·미용 사업, 도난 방지 구리스(윤활유) 지원 사업, 정수기 지원 사업 등 강북구 형편이 어려운 이웃을 위해 다양한 사업을 펼치고 있다.

그는 "기부는 마음만 있으면 할 수 있다. 내가 행복해지고 싶다면, 나누면 행복해지기 때문에 후원하면 된다. 후원해야 하는 사람들이 많기 때문이다. 또 사은품 등으로 받은 물품이 필요 없다면 기부하면 된다. 기업들도 신상품 홍보를 위한 기부를 해주었으면 한다."라며 기부는 마음으로 나눌 수 있는 문화라고 강조하였다.

행복 나눔에서 강북 잇다로

가오리역 일대에서 박남구 소장이 일으킨 행복 나눔 강북푸드뱅크·마켓은 이제 '강북 잇다 푸드뱅크·마켓센터'로 발전해 수유역 인근으로 이전을 해서 개소했다. '강북 잇다 푸드뱅크·마켓센터'는 기업이나 개인으로부터 받은 식료품, 생활용품 등의 기부 물품을 지역 내 어려운 이웃과 사회 복지 시설 등에 무상으로 후원하며, 경제적으로 어려움을 겪는 이웃에게 희망을 전하고 있다.

이전한 강북푸드뱅크·마켓센터는 강북구 한천로148길 12-13, C동 204호에 위치한다. 수유역 8번 출구에서 도보로 3분 거리에 있을 뿐만 아니라, 마을버스 4개, 지선버스 6개, 간선버스 5개 노선이 강북푸드뱅크·마켓센터를 경유한다.

강북구는 강북 잇다 푸드뱅크·마켓센터 이전으로 백년시장(구 강북종합전통시장) 등 지역 공동체와 협업을 통해 푸드뱅크·마켓 이용자들을 위한 물품 기부와 먹거리 지원이 활성화될 거라 기대하고 있다.

수유동에 있는 강북종합시장 입구의 신축 건물로 이전한 '강북 잇다 푸드뱅크·마켓센터'는 주민복지서비스 증진과 먹거리 자원의 사회적 활용에 나섰다. 센터는 지상 2층에 542㎡ 규모로 조성됐는데, 이 가운데 푸드뱅크는 정부 지원이 미흡하거나 지원이 필요한 무료 급식소와 지역아동센터 등에 기부받은 식품을 배분하는 역할을 맡게 된다. 푸드마켓은 강북구 지역 내 차상위 계층과 기초생활수급자 등 2,000여 명을 대상으로 운영되는데, 동 주민센터의 추천을 받아 회원으로 가입한 뒤 매장을 직접 방문하면 매월 한 차례 5개 품목을 이용할 수 있다.

지역 사회 공동체 강북푸드뱅크 · 마켓

지역 사회 공동체 푸드뱅크는 1967년 미국에서 '제2의 수확(Second Harvest)'이라는 이름으로 처음 시작된 이래 사회복지 선진국들을 중심으로 발전하였다. 국내에서는 국제통화기금(IMF)으로부터 구제금융을 받던 때인 1998년 1월 이후 시작되어 현재 310개소의 푸드뱅크가 활발하게 운영되고 있다. 강북구는 2000년 12월 푸드뱅크 사업을 시작으로 지역 내 사회복지 시설·단체에 식품과 생활 용품을 제공하고 있으며, 푸드마켓에서는 생활이 어려운 클라이언트(client)가 매장에 직접 찾아와 물품을 가져갈 수 있도록 하고 있다. 선한 일은 나라를 초월하여 확산되고 있다. 이런 운동이 더욱 확산되고 지속되면 좋겠다.

07

결식아동을 위한 선한 영향력 가게

-홍대 진짜 파스타 오인태 대표-

결식아동 무료 식사 제공의 시작

혼자서 일상을 살아가기도 바쁜 현대 사회. 이런 사회 속에서 소외된 이들에게 따뜻한 도움의 손길을 건네는 사람들이 있다. 최근 SNS를 통해 선행이 알려져 화제가 되는 서울 마포구 상수동의 레스토랑 '진짜 파스타'의 오인태 대표도 그중에 한 사람이다.

"아이들이 하지 못하는 것을 할 수 있게 해주고 싶어요."라고 이야기하며 학교에서 아동 급식카드를 사용하는 아동·청소년들에게 공짜로 음식을 제공하고 있기 때문이다.

이 식당을 들어서다 보면 입구에 "눈치 보지 말기, 금액 상관없이 먹고 싶은 메뉴 시키기, (들어올 때가 아니라) 나갈 때 (결식아동 꿈나무) 카드 보여주기, 매일 와도 괜찮으니 부담 갖지 말기, 자주 보기"라는 문구가 내걸린 것을 보게 된다.

결식아동에게 공짜로 음식을 제공하는 이 식당은 식당을 찾아온 꼬마 손님이 혹시 식당 문 열기를 망설일까 봐 용기를 주려고 붙였다. 이 안내문은 젊은 식당 운영자인 오인태 대표가 직접 작성했다. 아동 급식카드(꿈나무 카드)를 소지한 아이들은 식당에서 파스타를 먹고 나가기 전에 카드만 보여주면 된다. 아동 급식카드란 학교 급식을 이용할 수 없는 연휴나 방학 때 밥을 굶을 우려가 있는 18세 미만 아동·청소년에게 지자체에서 발급하는 체크카드다. 매월 15만 원 한도로 편의점이나 가맹 식당에서 쓸 수 있다.

오 대표의 급식카드 소지 아이들을 위한 무료 급식 제공 계기는 우연히 구청을 찾았다가 '꿈나무 카드'의 존재를 알고 나서부터다. 끼니를 제대로 챙겨 먹지 못하는 아이들이 많다는 사실도, 꿈나무 카드를 사용할 수 있는 식당이 생각보다 적다는 것도 비로소 처음 알게 됐다.

서울시에 따르면 2017년 말 기준, 시내 꿈나무 카드 가맹점 7,900여 곳 중 약 82.5%(6,619곳)가 편의점이나 빵집이다. 제대로 된 식사를 할 수 있는 식당은 20%에도 미치지 못한다. 더구나 식당에서 사용한다고 해도 5,000원으로 한 끼 식사가 가능한 곳은 요즘 물가 추세에서 그다지 많지 않다는 것도 마음에 걸렸다.

이러한 이유로 그는 고민 끝에 밥값을 아예 받지 않기로 결정했다. 이렇게 결정한 것에는 눈앞에 보이는 불편한 것들을 바로 해소할 수 있는 것이 가능하다면 즉시 시작하는 자신의 성격 때문이기도 하다. 또 함께 일하던 직원 3명이 자신의 취지에 흔쾌히 동의한 것도 큰 힘이 됐다. 그는 "이전에도 소방관과 그의 일행은 식사비 무료, 헌혈증 기부 시 파스타 제공 등 선행 이벤트를 해보자고 직원들이 먼저 제안할 정도로 뜻이 잘 맞는 이들"이라고 소개했다.

그는 "결식아동이 많이 오면 올수록 매출은 떨어지겠지만 상관이 없다."라고 하면서 "오히려 너무 알려지지 않아서 걱정"이라고 했다. 무료 제공 방침을 세웠지만, 한동안 이를 듣고 온 어린이나 청소년 손님은 나타나지 않았기 때문이다. 식당 주변에 포스터를 붙이고 입소문을 내봐도 신통치 않자 홍보 이미지를 만들어 트위터에 올리기도 했다.

이렇게 올린 글은 3만 회 가까이 리트윗되면서 큰 화제를 낳았다. 응원 댓글도 수백 개가 붙었다. 그리고 여름 방학 이후 하루 기준 10-20명 가량의 아이들이 진짜 파스타를 찾고 있다.

물론 일부에서는 오 대표의 선행을 마케팅 수단이라고 보는 곱지 않은 시선도 있다. 그러나 그는 "악플이 무서워서 좋은 취지라고 믿는 일을 주저하는 것은 말이 안 된다"라면서 "형편이 넉넉하거나 장사가 잘 된다고 해서 기부 활동할 수 있는 것은 아니다"라고 강조했다.

또한 자신의 선한 취지를 악용할 사례에 관한 질문에는 "아직 일어나지 않는 염려나 두려움 때문에 하고 싶은 일의 진행이 늦춰지는 것은 더 싫다"라고 하면서 만약의 우려가 발생할 경우는 그때 조처하면 될 것이라고 말했다.

평범한 파스타 가게를 운영하던 그가 우리 사회에 소외된 이들을 돕고자 나서게 된 이유는 무엇이었을까? 이에 대해 그는 "처음 사회 생활을 시작한 업종이 프랜차이즈 외식업입니다. 운이 좋게도 본사에서 슈퍼바이저라는 관리자 직책을 거쳐 팀장에 올랐습니다. 그런데 언젠가부터 업무 내 갑질이 보이기 시작하더군요. 회사 운영 차원이라는 것은 이해할 수 있었지만 좀 과한 느낌이 들었죠. 그때 생각했습니다. '이럴 바에는 내가 프랜차이즈를 만들어서 합리적인 비용과 원칙으로 운영하는 것이 좋지 않을까' 생각하곤 퇴사 후 창업하게 되었습니다."라고 이야기했다.

선한 영향력의 시작과 사단 법인화

'결식아동 무료 식사 지원', 매장 참여 독려 캠페인 '선한 영향력'의 시작에 대해서 그는 "결식아동 무료 식사 지원을 위해 결식아동가맹점을 신청하려고 했었는데 서류 준비 등 그 과정이 되게 복잡하더군요. 그렇게 관련 정보를 알아보던 중 오히려 결식아동 카드가 '지원받는 아이'라는 낙인을 찍을 수도 있겠다고 생각하게 됐습니다. 예전에 일부 학생들이 특정 아파트에 거주하는 친구들을 비하하기 위해 사용했던 이른바 '휴거(휴먼시아 거지)'라는 말도 있었잖아요. 마치 그런 느낌이

들었습니다.

그뿐만 아니라 결식 우려 아동에게 주어진 한 끼 4-5천 원으로는 아이들이 영양가 있는 '든든한 밥'을 먹는 것 자체도 어려울 것이라는 생각이 들었습니다. 그게 화가 났습니다. 그래서 아이들이 눈치 보지 않고 맛있는 한 끼를 배부르게 먹었으면 좋겠다는 마음으로 이 일을 시작하게 됐습니다.

특히 '선한 영향력' 프로젝트는 대전의 한 주점 사장님의 격려가 계기가 됐습니다. 평소 결식 우려 아동에게 도시락을 지원하고 싶어 하셨던 분이셨는데, 운영 중인 매장이 주점이라 인터넷에 글을 올리면 오해를 살 우려가 있을 것 같다고 걱정하시더라고요. 그래서 그분께 말씀드렸죠. '그러면 어차피 욕은 제가 먹을 테니 저희가 홍보해도 될까요?'라고요. 그렇게 시작하게 됐어요.

'선한 영향력'이라는 이름은 그분이 저한테 주신 문자 메시지에서 차용했습니다. 문자 말미에 '선한 영향력을 전파해주셔서 감사합니다'라고 말씀을 해주셨거든요. 그 단어 그대로 사용해서 쓰기 시작했는데 생각보다 이게 화제가 좀 많이 된 겁니다.

저희는 솔직히 처음에는 이게 얼마나 늘어날 수 있을까 반신반의했습니다. 하지만 지금은 많은 분이 참여해 주셔서 전국 600여 개 업체 및 식당들과 같이하고 있는데, 아이들 식사나 디저트, 이런 것도 있지만 보육, 체육 시설이라든가 세탁소, 목욕탕, 합기도장, 포켓볼장, 볼링

장처럼 확대되어 아주 다양합니다.

이 프로젝트에 참여하는 모든 분의 공통된 건 하나에요. '애들이 하지 못하는 것을 할 수 있게 해주자'라는 겁니다. 그 뜻으로 시작했습니다. 많은 분이 모이고 모여 규모가 커지다 보니 저 혼자 감당하기가 힘들어서 사단 법인을 준비해 보건복지부에 사단 법인화를 위한 서류 제출을 완료했습니다. 사단 법인화를 통해 아이들을 지원하는 다양한 사업을 진행하는 동시에 회원들과의 네트워킹을 더욱 활발하게 진행하겠단 생각에서입니다. 사단 법인의 기부금 및 운영비 사용에 관해서는 투명성을 가장 먼저 강조하고 있고, 법인 설립에 있어 이러한 부분을 가장 중요하게 생각하고 있기에 사단 법인 설립 전까지는 회비를 받지 않고 회원분들의 자비로만 진행해 왔습니다.

사단 법인의 마지막 목표는 아이들에게 실제로 도움이 되는 것을 가르쳐 줄 수 있는 교육 기관을 만드는 것입니다. 지금 학원들은 많습니다. 저도 이제 외식업에 종사하지만, 자격증이 현장에 나가면 큰 도움이 안 됩니다.

자격증을 따기보다는 현장에서 사용할 수 있는 기술들을 저희가 아이들에게 가르치는 거죠. 그리고 프로젝트를 같이 하시는 분들의 가게에 취직을 통해 좀더 자세한 교육을 받고 그 친구들이 독립할 때는 사단 법인에서 투자 형태로 돈을 금리 없이 빌려주고 수익이 나는 만큼 갚아서 다른 친구들이 또 창업을 할 수 있게 하는 선순환 구조를 만들어가고 싶습니다."

결식아동들의 반응

결식아동들의 반응들에 대해서는 "처음에는 솔직히 반응이 좀 그랬습니다. 아이들이 오는데 눈치를 엄청 많이 보더라고요. 제가 아이들한테 들은 것 중에 최악은 꿈나무 카드 가맹점인데 아이한테 바쁜 시간에 오지 말라고 했다는 말을 들었을 때였습니다.

그때는 마음이 매우 아팠습니다. 제가 아이들한테도 그 얘기를 들으면서 되게 많이 미안하더라고요. 어른들이 잘못해서 눈치를 안 봐도 되는 아이들에게 어른들이 눈치를 주는 거니까요. 그러나 아이들이 2-3번 찾아오면 웃어요. 아이들이 와서 웃으면서 이야기해요. 처음에는 저한테 사장님, 아저씨 이러다가 삼촌이라는 아이들도 있고, 편지도 써주고, 아이들이 밝게 변하는 모습을 볼 때 가장 좋습니다. 작년 저희 매장에 자주 와서 식사하던 고3 학생이 있었는데요. 그 친구가 대학에 합격하고 찾아와서 '삼촌 고맙습니다.'라고 이야기했을 때 아주 기분 좋았습니다."

코로나와 근황

또 코로나와 근황에 관해서는 "요즘은 코로나 때문에 금전적으로 힘들긴 하지만 결식아동 후원으로 힘든 적은 단 한 번도 없습니다. 홍대 근처라서 월세가 비쌀 거라고 생각을 많이 하시겠지만 현재 가게가 있는 곳이 클럽 거리라서 식당이 많이 들어올 수 없는 위치입니다. 또 저희 매장은 노출도 잘 안 되고, 입구도 정확하게 어디인지 잘 모를 정도라서 운영하는데 큰 부담은 없습니다.

다만 이번에 코로나로 힘든 상황에서도 3호점을 오픈하게 되었습니다. 상당히 많은 분들이 저희에게 프랜차이즈 계약을 하자면서 오셨었는데 코로나 때문에 전부 오픈하지 못하고 올스톱 했습니다. 그런데 3호점을 내려고 한 이유는 3호점 점주분이 '비용이 거의 들지 않는 작은 소규모 매장을 하고 싶다'라고 하셔서 오픈하게 되었습니다. 나머지 분들과도 오픈에 대해서 계속 협의할 계획입니다."

다양한 선한 영향력의 사회 활동들

결식아동 무료 급식 외에 손소독제 무상 배포, 유관순 열사 텀블러, 위안부 피해자 후원, 헌혈증 기부, 소방공무원 테이블 무료 식사, 장기기증 등 좋은 일들에 앞장서서 하는 원동력에 대해 그는 "솔직히 언론에서 '피 부족하다. 헌혈을 해주세요.' 이런 내용이 나오면 옛날에는 저도 등을 돌렸습니다. 내 일이 아니니까. 이런 생각을 했었습니다. 또 그때는 월급 받고 생활하고 있어서 못 했던 부분도 있었는데 지금은 제 마음대로 할 수 있는 상황이라서 자유롭게 하고 있습니다."

"그리고 저희를 오해하시는 분들이 많이 있는데요. 저희는 '선한 영향력' 프로젝트 시작하기 전이 지금보다 장사가 더 잘 됐습니다. 아주 잘되는 편이었어요. 재작년부터 저희는 손님들이 많은 경우에는 줄이

1층까지 섰던 매장이라, 사람들이 '선한 영향력 프로젝트 때문에 돈 번 거 아니냐?' 이런 말씀을 많이 하시더라고요. 솔직히 말씀드리면 이것 하면서 돈을 많이 못 벌었어요. 원래 가게가 좁다 보니까 오시는 손님들도 수용하기가 힘들고 그랬던 매장이라서 '선한 영향력' 프로젝트로는 돈을 잘 번다거나 한 건 전혀 없습니다. 저는 프로젝트 하기 전부터 충분히 매장 운영이 잘 되어서 직원들 월급에 보너스까지 주고 나서도 아이들을 충분히 케어할 수 있겠다는 생각이 들어서 시작하게 된 겁니다.

헌혈증 같은 경우는 여태까지 한 게 1,200장 정도 될 거예요. 또 저는 장기 기증자예요. 처음에는 제가 '살아있는 자 간 기증'을 하기로 등록했는데, 수술하는 게 무섭더라고요. 그래서 '사후 장기 기증'으로 바꿨어요. 그런데 저 스스로 비겁하다고 느껴져 '헌혈이라도 꾸준히 하자.'라는 생각에 시간 날 때마다 하고 있습니다."

가족과 함께하는 삶의 꿈

자신의 꿈에 대해서 그는 "제 꿈은 개인적으로는 제 가족과 함께하는 삶을 살고 싶은 것입니다. 사단 법인을 만들어도 모든 일을 제가 처음부터 끝까지 다 할 수는 없습니다. 그래서 사단 법인을 사람들의 감시를 최대한 받을 수 있는 공정한 형태로 만들어 놓은 이후, 저 보다 더 자금력이 뛰어나고 봉사하고 싶으신 분들한테 인계하고 저는 아내와 제 삶을 살고 싶습니다. 그렇게 되려면 지금 열심히 살아야겠다고 생각하고 있습니다."

투명한 운영

마지막으로 그는 선한 영향력 프로젝트를 같이 하고 싶으신 분들의 기부금을 선용하기 위한 '모임 통장'을 만들어서 국가나 지자체에서 사업비 지원을 통해 관리 및 운영을 해주면 좋겠다고 한다. 기부금에 대해서 투명하고 공정하게 관리 되는 것을 원하기 때문이다. 그래서 기부금을 내는 모든 분이 감시자가 될 수 있는 구조면 가장 좋겠다고 피력한다.

예를 들면, "카카오뱅크의 모임 통장에 100명까지 들어올 수 있는데, 그 인원을 늘려 준다거나 하면 그것도 좋은 방법일 것 같습니다. 아니면 은행과 정부, 그리고 정치인들이 협력해서 사단 법인의 기부금을 관리, 감시해주고 나머지 실무적인 일은 우리가 하는 게 가장 좋은 방법이겠죠. 저는 사단 법인을 만들어도 기부금에 대해서는 일절 관여하지 않을 생각입니다. 이 생각은 사단 법인을 만들기 위해 준비할 때부터 가지고 있던 겁니다. 그래서 사단 법인이 만들어지기 전까지 제 개인 계좌로 돈을 받는 것은 투명성이 떨어진다 생각해 일절 받지 않고 있습니다."

체계적인 선한 영향력 가게 활동

"결식아동 무료 식사, 망할 때까지 해야죠."라고 이야기하는 오 대표의 글은 많은 사람으로부터 공감과 호응을 얻었다. 처음 10여 개의 매장이 동참 의사를 밝혔으며, 2019년 말 전국 439개 매장으로 늘었다.

코로나19 시기를 거치며 많은 매장이 문을 닫기도 했지만 2022년 현재 전국의 3,800여 개의 음식점과 카페, 안경원, 학원, 세탁소, 병원, 스터디카페, 필라테스 등 다양한 업종의 소상공인들이 선한 영향력 가게에 동참하고 있다. 선한 영향력 가게는 매장 앞에 스티커와 배너, 선한 영향력 가게 홈페이지, 서울스마트맵 지도 서비스로 매장 정보를 제공한다. '선한 영향력 가게'는 2,500여 곳 넘는 자영업자가 동참했고, 보건복지부에 사단 법인화를 위한 서류 제출을 완료하였으며 사단 법인 설립을 통해 체계적인 운동으로 이어갈 것이다. 한 사람의 선한 행위는 파급력이 크지 않아 작은 힘으로 남겠지만 다수가 모이면 한 지역을 넘어 국가와 전 세계에 영향력을 발휘하는 엄청난 역사가 일어날 것이다.

08

한 끼 식사가 절박한
이웃들의 '참 좋은 친구'

-노숙인 무료 급식 (사)참좋은친구들-

설립 배경

사단 법인 '참좋은친구들'은 1989년 5월 서울역 광장에서 무료 급식을 시작한 이래 33년간 꾸준히 봉사 활동을 이어온 선교 단체이다. 현 이사장 신석출 장로는 고교 후배인 김범곤 목사와 함께 우리 사회의 음지에 있는 사람들을 섬기기 위해 이 단체를 설립했다.

설립 당시 신 장로는 참좋은친구들의 후원회장을, 김범곤 목사가 초대 이사장을 맡았다. 그러다 김범곤 목사의 별세 이후 김인환 전 총신대 총장이 이사장직을 이어받았다가, 2015년 11월에 신 장로가 이사장으로 취임하여 현재에 이르고 있다. 참좋은친구들의 설립 배경에 대해 신 이사장은 이렇게 말한다.

"저는 노숙인 쉼터를 운영하는 청량리 가나안교회의 후원회장으로 섬기면서 후원금 마련 및 정기후원자 섭외, 무료 급식/배식 등으로 섬겨왔는데, 이것이 참좋은친구들 설립의 계기가 됐습니다."

참좋은친구들은 활동 범위와 대상을 넓혀서 1992년부터 서울역 지하와 남산공원, 파고다공원, 독립문공원 등에서 노숙인을 대상으로 무료 급식과 진료 활동을 펼치고, 장애인과 독거노인을 돌보는 등 국내외 긴급 구호 활동에도 활발히 참여해오고 있다.

사역 소개

참좋은친구들은 그동안 다양한 섬김의 사역을 펼치면서 현장에서 그리스도의 사랑을 전해왔다. 설립 초기부터 서울역 광장 및 지하 차도 등에서 무료 급식을 진행해 오던 참좋은친구들은 1997년부터 2000년까지(IMF 외환위기 시기) 매일 3800명에게 무료 급식을 실시했고, 2001년에는 안산에 외국인 근로자들을 위해 아가페하우스를 개원하였다. 그리고 충북 괴산에 사랑의 농장을 경영하여 자활을 돕기도 했다. 이 프로그램의 영향으로 한 노숙인이 재활에 성공해 결혼은 물론 농장을 운영하면서 교회 장로로 세움을 받는 훈훈한 후일담도 전해진다.

참좋은친구들은 아픔과 고통이 있는 곳이면 가리지 않고 찾아간다. 대형 태풍이 불어 이재민이 발생할 때마다 어려움을 당한 사람들을 찾아가 무료 급식과 긴급 구호 사역을 실시하고 있다. 이들의 사랑의 손길은 국내뿐 아니라 해외에까지 미쳐서 지진 피해를 당한 지역들을 찾아가서 긴급 구호 활동도 펼쳤다. 이에 2008년에는 그 공로를 인정받아 국무총리 표창을 받았고, 2018년에는 고려대 113주년 사회봉사 대상을 수상했으며, 2020년에는 서울시장 표창을 받기도 했다.

여러 다양한 활동 가운데서도 참좋은친구들이 중점적으로 진행하고 있는 사역은 무료 급식 사역이다. 노숙인, 장애인, 독거노인, 저소득층들을 대상으로 정기 휴무일인 매주 월요일과 장애인 면담 및 목욕 봉사의 날인 토요일을 제외한 주 5일 아침저녁으로 무료 급식을 시행하고 있다. 아침에는 대략 180명 정도, 저녁에는 300여 명에게 식사가 제공된다. 물론 정식으로 급식이 지원되지 않는 토요일과 평일 점심에는 일부의 사람들에게 빵과 우유를 지급한다. 대략 일주일에 5000명 가량이 이곳에서 아침과 저녁 끼니를 해결한다.

그렇다 보니 예산 문제도 만만치 않다. 더욱이 최근엔 코로나19로 경제적인 상황이 더욱 어려워졌다. 여의치 않은 재정과 코로나19라는 이중고 속에서도 신 이사장은 하루 2끼 무료 급식을 포기할 수 없었다고 한다. 한 끼 식사가 절박한 이웃들의 생명을 위한 일을 중단할 수 없었던 것이다.

"서울시와 보건소에서 여러 차례 급식 중단을 권고했지만, 우리가 급식을 중단하면 여기서 밥을 먹는 노숙인들이 술에 취한 채 길거리를 방황하게 될 것이고, 그러다 보면 그들은 오히려 코로나19의 위험에 더 노출될 수밖에 없습니다. 그러니 도저히 급식을 중단할 수 없죠. 그 대신 철저한 방역 수칙을 지키며 밥을 제공합니다."

식사 전 한 가지 원칙

'금강산도 식후경'이라지만, 참좋은친구들의 무료 급식에는 한 가지 타협할 수 없는 원칙이 있다. 식사 전에 먼저 30분 가량 예배를 드리는 것이다. 주일에는 오전과 오후 두 차례 외부 목회자를 초청해 예배를 드린다. 무료 급식 현장이 주일에는 '참좋은교회'로 바뀌는 셈이다.

신 이사장은 어려운 이들에게 단순히 밥을 제공하는 것에만 치중하지 않는다. 그는 "참좋은친구들은 어려운 이들의 영혼까지 책임지는 선교의 기관이 돼야 한다"면서 밥과 함께 복음이 전해져야 한다는 점을 직원들이나 봉사자들에게 늘 강조한다.

"우리는 선교 단체이기 때문에 '예배만 드리면 밥은 거저 먹는다'고 가르칩니다. 노숙인들이 이제 많이 변해서 '밥 먹으러 가자' 하지 않고 '예배드리러 가자, 예수님 만나러 가자' 그렇게 말합니다."

그뿐만 아니라 참좋은친구들은 노숙인들이 무료하게 밖에서 시간을 탕진하지 않도록 성경 필사 교육도 실시하고 있다. 그 결과 놀라운 일들이 일어났다. "온누리교회 복지관에서 1년간 400여 명을 교육시켰고, 매주 100명이 성경을 필사하고 있습니다. 매년 수십 명의 사람들이 세례를 받고 가정으로 돌아가는 사람들이 있습니다."

가장 큰 보람

노숙인들에게 아낌없이 그리스도의 사랑을 전하고 있는 신 이사장과 직원들에게 있어 가장 큰 보람은 무엇일까? 신 이사장은 노숙인들이 이 사역을 통해 하나님을 만나고 사랑하는 가족의 품으로 돌아가는 것이 가장 큰 보람이라고 말한다.

"100명에 한 사람이라도 취직해서 가정에 돌아가면 그게 얼마나 보람된 일인지 모릅니다. 사람은 자기가 살려는 의지를 갖고 그 고비만 넘기면 살 수 있거든요. 100명, 200명의 사람들 가운데 정신 차리고 새 사람이 되는 사람들이 있습니다. 그래서 우리가 그런 보람을 가지고 일을 하고 있습니다. 예수님께서도 말씀하셨잖아요. 백 마리 양보다도 한 마리 잃은 양을 찾아서 헤맨다고 말입니다. 그 말씀이 여기서 이뤄집니다."

그렇다. 잃어버린 한 마리의 양을 찾아 온 산을 헤매던 예수님처럼, 이유가 어찌되었든 세상에서 외면받고 가족에게 버림을 당하고 거리를 헤매는 노숙인들이 그리스도를 만나 집에 돌아가서 새 삶을 살 수 있도록 참좋은친구들은 그 예수님의 일을 대신하고 있는 셈이다. 그리고 잃은 양 한 마리를 찾으면 온 동네 사람들을 불러 잔치하는 것처럼, 한두 사람이라도 예수님을 만나고 가정에 돌아가는 일이 생기면 모든 사람들과 함께 기뻐할 만큼 보람을 느끼는 것이다.

지금은 1년에 수십 명씩 세례를 받을 정도로 사역의 열매가 가시적으로 드러나고 있지만, 처음부터 노숙인들이 쉽게 하나님께 마음의 문을 연 것은 아니었다. 신 이사장은 그것이 사람의 힘으로 되는 일이 아니라고 말한다.

"이곳에서 26년 동안 세례식을 올리려고 했는데, 한 번도 못했습니다. 그건 사람의 힘으로 되는 것이 아니기 때문입니다. 사탄의 역사와 방해와 여러 가지 죄악된 것 때문에 도저히 이룰 수 없는 것을 기도로, 성경 공부로, 말씀 선포로, 또 이분들에게 잘해줌으로써 '예수님이 이렇게 했다. 그러니까 우리도 이렇게 한다.' 이렇게 그 사람들에게 사랑을 전하고 또 그 노숙인들과 같이 부둥켜안고 같이 울고 같이 웃고 또 아픔을 서로 달래주고 상처를 치유하다 보면 그 사람들이 세례를 받는 데까지 연결되지 않았나 생각합니다."

좋은 친구들

참좋은친구들이라는 단체명이 말해주듯, 이 사역은 어느 한두 사람의 열심과 헌신만으로는 도저히 불가능한 일이다. 이름 없이 빛 없이 시간과 재물과 재능을 들여 함께 이 사역을 돕는 '좋은 친구들'이 있었기에 가능한 사역이다. 이 중 대표적인 인물이 바로 신석출 장로의 아내이다. 손환기 권사는 엄마의 손맛으로 모든 끼니를 도맡아 챙기며 노숙인들의 대모 역할을 하고 있다.

그 외에도 수많은 보이지 않는 손길들이 이 귀한 사역에 동참하고 있다. 100% 후원금과 자원봉사로 운영되고 있는 참좋은친구들이 열악한 상황 가운데서도 기적처럼 무료 급식을 이어올 수 있었던 이유다. 한국기독교의료선교협회 교육훈련원 원장으로 나온 이종녕 씨는 참좋은친구들에서 하는 의료 자원봉사를 제자의 삶을 훈련하는 장소로 사용한다고 말한다.

"의료선교훈련원에서는 교육과 수련을 통해서 예수님의 제자의 삶을 살기 위해 훈련을 받고 있습니다. 그 일환으로써 저희가 이곳을 훈련의 장소로 사용하고 있습니다."

그 외에도 봉사로, 재정으로, 달란트로 섬기는 수많은 사람들이 있다. 교회와 기업들, 병원과 각종 단체들의 협력이 있다. 이들의 단 하나의 목표는 바로 노숙인들에게 그리스도의 사랑을 전하는 것이다.

노숙인에게 가장 필요한 것

참좋은친구들이 이 모든 사역을 통해 노숙인들과 장애인 혹은 독거노인에게 진정으로 전하고 싶은 것은 무엇일까? 밥일까? 건강일까? 아니면 무엇일까? 신 이사장은 노숙인들에게 가장 필요한 것은 사랑이라고 말한다. 그들이 변화되는 것도 사랑이라고 말한다.

"노숙인들에게 가장 필요한 것은 사랑입니다. 우리가 예수님의 사랑을 증거하고 그분들이 감동되었을 때 그들은 변화됩니다."

처음부터 노숙인으로 살고 싶은 사람이 있을까? 이들이 노숙인이 된 것은 이러저러한 상처를 받아 결국 거리로 내몰릴 수밖에 없었던 것이 아닐까? 참좋은친구들은 그렇게 세상에서 상처받고 모욕당하고 가난으로 내몰린 자들을 찾아가 그들의 좋은 친구들이 되어주는 사람들이다. 아직도 그들을 사랑하고 있는 사람들이 있다는 것을 몸소 보여주는 사람들이다. 그래서 그들이 그 사랑을 깨닫고 변화되어 다른 사람들을 다시 사랑할 수 있는 사람으로 거듭나게 하는 사람들이다. 길 잃은 어린 양 한 마리를 찾아 온 산을 헤매는 수고를 하고 있는 것이다.

"이와 같이 이 소자 중에 하나라도 잃어지는 것은 하늘에 계신 너희 아버지의 뜻이 아니니라"(마 18:14).

2장

생명,
그 소중한 선물

09

러브더월드(LovetheWorld)

-박대원 대표 · 서지형 이사-

'위험한 선교사'

얼마 전 갓 태어난 아기를 쇼핑백에 담아 버린 20대 엄마에 관한 뉴스가 보도되었다. 아기를 발견했을 때 이미 죽은 상태였다. 수사 과정에서 아기 엄마는 아기가 숨을 쉬지 않아 버린 것이라고 진술했다. 안타깝고 비극적인 일이 아닐 수 없다.

아기가 엄마 배에서 나와 첫울음을 터뜨릴 때, 아기는 모든 축복을 받아야 한다. 그런데 태어나기도 전에 그 생명이 강제적으로 스러지거나, 태어났다 하더라도 숨기고 싶어 하는 사람들이 있다. 생명의

근원이신 하나님이 주신 최고의 선물을, 골칫덩이와 수치로 여긴다면 하나님이 얼마나 슬퍼하실까?

박대원 목사와 서지형 사모는 복지 사각지대에 있는 미혼모들을 돕는 사역을 해왔다. 이 일을 위해서는 미혼모는 생명을 함부로 죽이지 않고, 생명을 살리려는 엄마라는 인식이 필요하다. 미혼모라고 하면 10대나 20대를 떠올리는 사람들이 많다. 그러나 30대, 40대 미혼모도 있다. 나이가 많은 미혼모일수록 시설에 들어가는 것이 어렵다.

미혼모들이 복지 사각지대에 있을 수밖에 없는 데에는 여러 가지 이유가 있다. 예컨대, 주민등록이 말소되어 서류를 마련할 수 없고, 이로 인해 복지 시설에 들어갈 자격을 애당초 잃은 미혼모가 있다. 또 실제로 결혼은 했으나 혼인신고를 안 해주는 바람에 미혼모가 되는 예도 있다. 사기 결혼을 당해 미혼모가 되는 때도 있다. 미혼모가 된 이유와 사연은 참으로 다양하다.

박 목사 부부는 이러한 미혼모를 어떻게 돕고 있을까? 이런저런 어려움에 처한 미혼모들의 출산을 돕는다. 아기를 낳고 나면 양육을 돕는다. 심리·정서적으로 돕는다. 주민등록을 되살려 국가 복지 서비스에 연계해준다. 주민등록이 있어도 금융, 신용불량 등의 문제로 거주 불명으로 되어 있을 수가 있다.

이런 제도적인 걸림돌보다 더 큰 걸림돌은 사람들의 부정적인 시각이다. 우리 사회에서는 아직 미혼모에 대한 시각이 그다지 우호적이지 않다. 특히 교회 안에서의 시선이 따갑다. 그래서인지 미혼모들은 교회 안에서 자기가 미혼모라는 말을 절대 하지 않는다. 대신 사별을 했느니 이혼을 했느니 하면서 둘러댄다. 실제로 한 자매는 자기가 미혼모라는 것을 밝힌 후, 교회 셀이나 구역에 들어가지 못했고, 다른 성도들도 자기 아이들과 놀지 못하게 하는 차별을 받았다고 한다. 미혼모임이 밝혀지는 순간 따돌림을 받은 것이다. 미혼모로부터 이 말을 들은 박대원 목사는 교회가 그들을 따뜻하게 품지 못했다면서 골목에서 막 울었다고 서지형 사모는 말한다.

"저희 믿는 사람들이 교회 안에서 좀더 따듯하게 품어줘야 하지 않겠어요? 이들도 하나님의 구원이 필요하잖아요?"

지금까지 살아오면서 하나님께 저를 보호해 달라는 기도를 별로 해본 적이 없다고 말한다. 왜냐하면 늘 부모님이 지켜주시고, 교회 공동체와 학교에서 보호받아왔기 때문이다. 그런데 막상 미혼모들을 만나보니 이러한 보호를 전혀 받지 못한 환경에서 살아온 사람들이 많다는 것을 발견했다.

생명을 지키는 사역은 생명을 잉태하는 것보다 힘들고 위험하다. 그래서인지 목사 부부는 스스로를 '위험한 선교사'로 칭한다.

하나님이 보내주신 아이들

서지형 사모는 몸이 매우 아파 출산을 할 수 없다. (대학 시절, 20대 때 난소암 판정을 받아 수술하고, 항암 치료를 했음) 그래서 입양을 생각하고 관계 기관을 방문하여 상담했다. 그 당시엔 입양 기관에서 미혼모 시설도 함께 운영하고 있었다. 상담을 마치고 돌아올 때 서지형 사모가 남편에게 말했다. 입양을 하자고. 박 목사 부부는 아이 없이 11년을 살아오다가 입양을 염두에 두게 되었다. 그러나 상담센터에서 소개하는 아이들보다는 미혼모의 아이들이 더 눈에 들어왔다.

"여보, 아까 복도에서 왔다 갔다 하던 미혼모들이 제 마음에 많이 남아 있어요."

이 일을 계기로 부부는 미혼모 사역을 시작하게 되었다. 그 후 반지하 월세에 살면서 월세가 밀린 미혼모들을 만나 방세를 대신 내주기도 하고, 필요한 물품을 사주기도 했다. 오갈 데가 없는 미혼모들은 모텔에라도 잠시 머물 수 있도록 보호해주었다. 그러다 보니 도움을 청하는 미혼모들이 갈수록 늘어났다.

급기야 갈 데가 없는 미혼모를 집으로 데려와 함께 살게 되었다. 거주할만한 곳을 아무리 찾아봐도 없었기 때문이다. 그 무렵 박 목사는 교회 사역을 하고 있었는데, 고민이 늘어났다. 결국 살던 집을 떠나 좁더라도 방이 여럿인 곳으로 이사를 했다. 드디어 미혼모들과의 공동체 생활이 시작되었다. 이렇게 함께 사는 미혼모들의 수는 아이를 포함하여 10-18명 정도였다.

　박 목사 부부는 늘 입양을 원했지만 여러 모로 쉽지 않은 상황이었다. 입양하려면 경제적인 여건이 필수이다. 그런데 그 당시 자비량 사역을 하고 있었기에 경제적으로도 여유가 없었다. 또 서 사모의 건강 역시 좋지 않았다. 그러나 이해심이 많은 판사님을 만나 입양 판결을 받을 수 있었다. 이렇게 처음 입양한 아이가 첫째 의진이다.

　의진이를 입양할 시기에 박 목사 부부는 쉼터 사역을 본격적으로 하고 있었다.

　이어 둘째 아이 여진이도 입양했다. 여진이는 생모로부터 모유를 먹으며 자랐다. 서 사모도 생모랑 함께 아이를 키웠다. 그런데 어린 생모가 자기 아이를 목사님이 입양해주면 좋겠다고 했다. 이때 아이가 자라가는 것을 지켜보며 계속 도와줄 테니 엄마가 직접 키우라고 말했다. 그러나 여러 가지 요인으로 도저히 키울 수 없게 되었다. 그래서 그 아이도 입양하게 된 것이다. 두 아이 모두 자신이 입양아라는 사실을 알고 있다. 그리고 엄마 아빠가 생명을 지키고 살리는 사역을 하고 있다는 것도 알고 있다. 미혼모가 아이를 낳을 때마다 아이들이 말한다. (아이들은 미혼모들을 이모라고 부른다.)

"엄마, 이 아기는 이모가 키우면 좋겠어요."

　안타깝게도 서지형 사모의 건강은 여전히 좋지 않다. 최근 허리 디스크가 급성으로 터져 수술을 받았고, 그 후유증으로 다리가 저리고 감각도 아주 둔해졌다. 그러나 오직 주가 주시는 힘과 사랑으로 가던 길을 꿋꿋이 가고 있다.

제 힘으로는 사랑할 수 없습니다

박 목사 부부는 미혼모들이 임신하고, 아이를 낳고, 그 후 홀로서기까지 꾸준히 도와왔다. 지금까지 이들 부부가 출산을 돕고 탯줄을 잘라주었던 아이 가운데 큰 애는 현재 중학생, 어린애는 예닐곱 살이 되었다. 미혼모들과 함께 살다 보니 박 목사는 평생 먹을 미역국을 이미 다 먹었노라고 농담조로 말한다. 그리고 아무래도 남자이다 보니 집 안에서 여러 면에서 조심한다. 여름에도 긴 소매 옷, 긴 바지를 입고 다니는 등 미혼모들을 배려하고 있다.

미혼모들에게 예수님의 사랑을 전하지만 그들은 선뜻 받아들이지 못한다. 그들 자신이 사랑이라곤 받아 보지 못했기 때문이다. 박 목사 부부가 서로 사랑하는 모습을 보여주면서 그들에게 사랑을 전하고자 했다. 그러나 그들은 냉소적으로 말한다.

"목사님 부부는 우리에게 보이려고 드라마처럼 사나요?"

또 미혼모가 낳은 아이가 다시 미혼모가 될 확률이 높다는 사실로 불안해하고 다른 사람을 쉽게 믿지 않는다. 그러다 보니 삶의 변화도 거의 일어나지 않는다. 그러한 모습을 볼 때마다 박 목사 부부는 마음이 무거워진다. 심지어 사역을 접고 싶은 적도 많다. 미혼모들의 병원비를 결제할 땐 잔액이 부족하다는 메시지가 뜰 때도 있다. 있는 돈을 다 끌어모아도 해결이 안 될 때는 의진이 입양 수당까지 털어 부었다. 그런데도 그들에겐 변화가 보이지 않았다.

"남편이랑 저랑 참 많이 울었던 것 같아요. 끝까지 품어지지 않으니 우리는 사랑이 없는 사람인가 보다 하면서요."

하나님께 이제 이 사역을 그만두어야겠습니다 하면서도 밤마다 함께 울면서 기도했다. 하나님께서 말씀(고린도전서 13장 7절)으로 이들 부부를 위로해 주었다.

"모든 것을 참으며 모든 것을 믿으며 모든 것을 바라며 모든 것을 견디느니라."

이 말씀을 통해 깨달음을 얻었다. 또 너무 조급하게 열매를 기대했다는 사실을 깨달았다. 다시금 힘을 얻은 박 목사 부부는 밭을 가는 농부의 심정으로 사역을 하게 되었다. 서 사모는 말한다.

"우리가 땅을 갈면, 누군가는 씨를 심을 것이고, 또 심어진 씨앗은 하나님이 자라게 해주실 거라는 믿음이죠."

사역을 하다 보면 기쁘고 감사한 일도 간간이 있다. 한 예로 지역 사회로 돌아간 미혼모로부터 식사 초대를 받을 때이다. 밥상이 그리 화려하지는 않지만 소고기 미역국에 정성스럽게 무친 나물을 대하는 박 목사 부부는 감개무량할 뿐이다. 그리고 '늘 우리가 미역국을 끓여줬었는데.' 하면서 웃는다. 또 어떤 미혼모는 시간제 아르바이트로 번 돈으로 박 목사 부부를 김치찌개 식당으로 데려가 음식 대접을 한다. 식당에서 설거지하면서 번 돈으로 삼겹살을 사서 쉼터로 와서 구워주는 미혼모도 있었다.

현재 박 목사 부부는 2015년에 설립한 '러브더월드'의 대표와 이사 직을 각각 맡아 미혼모 사역을 꾸준히 이어가고 있다.

"미혼모들 옆에서 찬찬히 들여다보면 마음에 묵직하게 느껴지는 것들이 있어요. 이들은 어찌 됐든 한 생명을 지키고 있습니다. 당장 갈 곳이 없거나 사회적 관계망이 단절된 절망적인 상황 가운데서도 말이죠."

이들 부부의 소망은 스쳐 간 미혼모들이 예수님을 믿고, 자녀에게도 믿음을 물려주는 복된 삶을 사는 것이라고 말한다. 그리고 최대한 미혼모를 많이 도와 생명을 살리고 더불어 잘살아가는 것이 궁극적인 바람이라고 한다.

10

21세기의 혜민서, 웰다잉을 돕다

-사회적 협동조합 혜민서 이사장 남궁청완-

가슴 뛰는 일을 하고 싶다

혜민서는 조선 시대에 궁궐 밖 서민을 위한 의료 기관이었다. 90년대 말, 인기를 끌던 드라마 〈허준〉에서 허준 선생이 병자를 치료하던 곳이 바로 혜민서이다. 이제 21세기의 혜민서인 사회적 협동조합은 웰빙을 넘어 웰다잉(Well-Dying)의 실천을 돕고 있다. 대상은 어느 세대보다 격동의 시대를 살아온 80세 이상의 취약 계층 노인이다.

"혜민서는 어르신들의 보편적 복지를 지향하고, 그것을 해결하기 위해서 만들어진 사회적 협동조합입니다. 제가 혜민서를 만들게 된 동기는, 어르신들이 하고 싶은 일을 하고, 편하게 삶을 마무리할 수 있도록 돕기 위해서입니다. 어르신들에 대한 복지가 다양하게 이루어지고는 있지만, 사각지대가 있거든요."

혜민서의 이사장 남궁청완의 말이다.

사회적 협동조합 '혜민서'는 동대문구 제기동 약령시 한가운데에 있다. 남궁 이사장은 80년대에 동대문구에 발을 들여놓았다.

"제가 그때 종로에서 피아노사를 경영했습니다."

그러다가 한약 업계에서 일하고 있던 형님의 권유로 서울 동대문구에 있는 약령시장에서 활동하게 되었다. 그리고 어느새 사십여 년이 흘렀다.

그는 늘 사회에 공헌하는 일, 가슴 뛰는 일을 하기 원했다. 과연 어떤 일이 그의 가슴을 뛰게 할 수 있을까?

"가슴 뛰는 일을 찾다 보니까 이런 일을 하게 된 거예요."

이런 일이란 곧 홀몸 어르신들을 돌보는 일이다.

그가 노인들을 돕는 일은 아주 단순해 보이지만 매우 중요하다.

그 가운데 맨 처음 시작한 일이 밑반찬을 제공해서 끼니를 거르지 않게 하는 것이다.

"찾아가 뵈니, 된장찌개 하나를 끓여서 3일 동안 드신다는 거예요. 아 혼자서 식사하니 그럴 수도 있겠다고 생각했지요. 그런데 냉장고를 열어보니까 반찬이 하나도 없는 거예요. 그런데 쌀은 있더라고요. 그래서 이 쌀은 어디서 난 거냐고 물었더니 주민센터에서 준다는 거예요. 아, 그렇다면 이분들에게 반찬을 만들어 제공하면 밥은 굶지 않겠다고 생각했지요."

그때부터 그는 반찬 가게에서 반찬을 주문해서 어르신들에게 공급하기 시작했다. 이 일이 혜민서 사역의 시초가 되었다. 반찬 봉사는 정기적이고 지속적인 봉사이다. 그래서 아예 요일을 정해서, 매주 목요일 정해진 시간에 맞춰 반찬을 가져다드렸다. 반찬보다 중요한 것은 어르신들을 살피고, 손을 잡아 드리며 안부를 묻는 것이다. 그런데 하는 일은 똑같아도 갈 때마다 매주 마음이 뜨거워졌다. 그래서 더 적극적이고 본격적으로 이 일을 하고 싶은 마음에 그만의 혜민서를 만들었다.

"정말 가슴이 뛰는 일이죠. 최근에 생신 잔치를 해드리기도 했는데, 잔치에 오셔서 눈물을 주르르 흘리시는 모습을 봅니다."

2022년 8월 기준, 지금까지 총 138회의 반찬 봉사를 했다. 이후 동대문구 주민들도 이 사역에 힘을 보태기 시작했다.

아모르 파티(amor fati)

'아모르파티'는 어느 가수의 흥 넘치는 노래의 제목이기도 하지만, 철학자 니체의 말로 유명하다. 한마디로 자신의 운명을 사랑하라는 뜻이다. 자신의 삶에서 일어나는 고난과 어려움까지도 받아들이는 적극적인 방식의 삶의 태도를 의미한다.

엔딩노트

일반적으로 건강한 사람들의 평생 병원비가 죽기 전 3개월 동안의 병원비보다 훨씬 적다고 한다. 그리고 죽기 전 3일 동안 집중 치료실 병원비가 3개월 동안 병원비보다 훨씬 많다고 한다. 이것은 곧 무의미한 연명 치료로는 자신의 생명을 더 연장할 수도 없을뿐더러, 고통스럽기만 할 뿐이다. 따라서 유가족들이 피폐해질 때까지 연명 치료를 위한 병원비가 지출된다는 것에 대해서는 다시 생각해볼 필요가 있다.

"산소마스크를 쓰고 음식물 삽입을 해서 기도에 관을 삽입하는 순간 대화는 불가능해집니다. 아무것도 못 합니다."

갈수록 죽음만큼은 편안히 맞고 싶다는 사람들이 늘어나고 있다. 무의미한 연명 치료를 거부하고 존엄한 죽음을 맞이하고 싶어서다. 물론 본인이 이러한 결정을 했더라도, 시신 기증의 경우처럼 유가족이 그 결정을 번복할 수 있다는 여지가 있다.

그는 어르신들의 존엄한 죽음, 즉 존엄한 죽음을 선택할 기회가 있어야 하지 않겠는가 생각했다. 이를 위해 초고령화 사회로 일찍 진입한 프랑스의 사례를 벤치마킹했다. 우리나라 어르신들에겐 무엇이 필요할지 머리를 짜내다가 엔딩노트를 시작했다.

"저희가 엔딩노트를 처음 시작한 때가 2017년도인데, 기록을 찾아보니 그 무렵만 해도 엔딩노트에 관한 강좌를 하는 곳이 한 군데도 없었습니다. 지금은 연명 치료 의향에 관한 법률이 있지요."

그가 시작한 엔딩노트 강좌는 현재 글쓰기로까지 발전했다. 이를테면, 태평양 전쟁, 한국 전쟁, 5·16 쿠데타, 4·19 혁명, 88 서울 올림픽, IMF 등 역사적으로 굵직굵직한 사건들을 나열한 후 어르신네들의 기억을 글로 적는 것이다. 이 과정에서 어르신들은 살아온 삶을 정리하게 된다. 그리고 내가 죽으면 누가 어떻게 장례를 치렀으면 좋겠다는 뜻을 적는 것으로 엔딩노트는 마무리 된다. 물론 어르신들에겐 글쓰기가 익숙지 않다. 그러나 엔딩노트의 목적은 어르신들이 존엄한 삶을 정리하는 것이다. 앞으로 엔딩노트 과정을 좀더 발전시켜서, 그 과정을 이수한 어르신들을 대상으로 심화 교육 과정을 진행할 예정이다.

어르신 소원재단

'앰뷸런스 소원재단'이라는 것이 있다. 말기 암 환자들의 마지막 나들이 소원을 들어주기 운동을 하는 곳이다. 혜민서에서도 이와 유사한 일을 하고 있는데, 바로 '특별한 어르신 소원 여행'이다. 특별한 어르신 소원 여행이란 저소득, 사각지대 등에 놓인 홀몸 어르신의 사연을 받은 후, 맞춤형 소원 성취를 지원하는 사업이다. 남궁 이사장은 어르신 복지에 대한 관심이 많아 인터넷 검색 등을 통해 많은 자료를 접해왔다. 그러다가 네덜란드의 '앰뷸런스 소원재단'을 알게 되었다.

어느 앰뷸런스 기사가 어느 날, 시한부 삶을 사는 환자를 모시고 병원으로 갔다. 그런데 환자가 밀려 있어 3시간 정도를 기다리라는 말을 들었다. 3시간 동안 뭘 할까 고민하던 앰뷸런스 기사가 기다리는 동안 하시고 싶은 일이 없느냐고 환자에게 물었다. 그랬더니 환자가 바다를 보고 싶다고 말했다. 기사는 즉시 바다로 향했다. 바다를 보고 행복해하는 모습에 감동을 받은 기사는 이 기억을 잊을 수 없었다. 그래서 앰뷸런스 한 대를 주면 계속 이 일을 하고 싶다고 퇴직할 때 병원에 제안했다. 이렇게 시작된 것이 앰뷸런스 소원재단이다. 이 이야기에서 힌트를 얻어 시작한 것이 '특별한 어르신 소원 여행'이다.

어르신들의 소원은 다양했다. 기차를 한 번도 못 타봤는데 KTX를 타보고 싶다는 어르신이 있었다. 그래서 혜민서에는 각 주민센터에 연락하여 휠체어를 빌려, 어르신들을 모시고 기차를 타고 강릉 바다를 보러 갔다. 바다를 마음껏 본 후엔 두부 마을에서 맛있게 점심을 먹었다. 남궁 이사장은 말한다.

"바다 구경을 하시면서 흐느끼시는 것을 멀리서도 느낄 수 있었어요."

코로나19로 인해 한동안 중단되기는 했으나 내년에 다시 시도할 생각이라고 한다.

그는 혜민서 사역을 통해 많은 감동도 받고, 주위에서 칭찬을 듣기도 하고, 표창장을 받기도 했다. 그러나 정작 가정에는 소홀한 부분이 많다고 했다.

"제가 사회에서는 100점일지 모르나 집에서는 60점도 못 되는 아버지이고, 남편입니다."

그런데 지금은 가족들의 이해와 응원이 큰 힘이 되고 있다.

"저도 이제 아모르 파티를 정리해야 할 시기가 됐습니다. 제가 걸어온 길이 쉽지는 않았어요. 그러나 사막에 길을 내는 심정으로 지금까지 새로운 길을 개척해왔습니다."

장례 봉사

그는 우연한 기회에 만난 어르신으로부터 내가 죽으면 좀 장례를 치러줄 수 있겠느냐는 부탁을 받았다. 그래서 그러겠다고 기꺼이 대답했다. 후에 그 어르신이 국립의료원에서 돌아가셨다. 그는 약속대로 상주가 되어 빈소를 빌려 장례를 치러드렸다. 이것이 첫 번째 장례 봉사였다.

이렇듯 외롭게 살다가 혼자 돌아가시는 분이 많이 계신다는 것을 알게 된 후 본격적으로 장례 봉사를 하게 되었다.

제가 힐링이 됩니다

건강이 주어지는 날까지 지금의 삶의 기조를 유지하면서 살고 싶다는 것이 남궁 이사장의 바람이다. 사람들이 왜 이런 일을 하느냐고 물을 때마다 그의 대답은 한결같다.

"제가 힐링이 됩니다. 제가 더 행복해집니다."

어르신들에 대한 복지가 많이 향상되었지만, 현대판 혜민서는 복지의 틈새에서 어려움을 겪고 있는 어르신들을 찾아내서 문제를 해결하고 돕는 역할을 할 것이다. 이 외에도 열악한 주거 환경을 개선하고, 잘 몰라서 복지 혜택을 못 받으시는 분들을 도울 것이다.

끝으로 혜민서가 현재 실천하고 있는 '웰다잉 십계명'을 소개한다.

1. 버킷 리스트 작성하기
2. 둘째 건강 체크하기
3. 법적 효력 있는 유언장·자서전 작성하기

4. 고독사 예방하기
5. 장례 계획 세우기
6. 자성의 시간 갖기
7. 마음의 빚 청산하기
8. 자원봉사 활동하기
9. 추억 물품 보관하기
10. 사전 의료의향서 작성하기

11

수퍼 히어로 hero가 아니라
수퍼 히어러 hearer

-한국생명의전화 박주선 이사-

사람을 살리는 전화

2022년 기준으로 한국은 국가별 행복 지수 59위, 자살률 1위를 기록하고 있다. 특히 코로나19로 인해 사회적 연결고리가 많이 약해지고, 경제도 많이 어려워지다 보니 극단적인 선택을 하는 사람들이 많이 늘어났다. 이러한 때에 누군가에게 자신의 고민을 털어놓고 위로를 받을 수 있는 통로가 있다면 이들에게 큰 힘이 되지 않을까?

이 일을 '한국생명의전화'의 자원봉사자들이 하고 있다. 이들의 일은 사회 문제의 최전선에서 생명을 지키는 것이다. 박주선 이사 역시 그들 가운데 하나이다. 그녀는 말한다.

"힘들어하는 사람은 많은데 상담원은 사실은 아주 부족합니다."

실제로 절벽에 서 있는 이들의 말을 전화로 들어줄 기관은 그리 많지 않다. 그런데 정말 전화를 하는 사람들이 있을까 생각하는 사람이 많다. 그러나 이런 생각을 하는 사람들은 건강한 사람들이라고 말한다.

"전화기를 내려놓기가 무섭게 계속 전화가 옵니다."

한강 다리 위에는 75개의 '생명의 전화'가 설치되어 있다. 2022년 기준으로 볼 때, 지난 11년간 이 전화로 생명을 건진 사람이 9천여 명이라고 한다. 한강으로 뛰어들 생각을 했다가 혹시나 하고 전화를 하면 SOS 상담원들이 받는다. 대화하다가 이 사람이 정말 떨어질 것 같다는 생각이 들면 119와 연결한다. 그리고 다리의 위아래에서 동시에 구조작업을 펼친다.

날씨와 전화의 상관관계에 대해 이렇게 말한다.

"사실 계절에 상관없이 전화가 많이 옵니다. 그러나 한강교의 경우 폭풍우라도 치면 아무래도 그곳에 오는 사람이 드물겠죠. 흐린 날에 사람들이 우울해지니까, 평소보다 전화가 많이 오죠. 그래서 저희 상담자들은 날씨의 영향을 받는다고 생각합니다."

'한국생명의전화'와 돕는 이들

한 생명이 태어날 때의 기쁨 못지않게 한 생명을 구할 때의 감격은 이루 헤아릴 수 없다.

'한국생명의전화'는 1976년 9월에 문을 연 우리나라 최초의 전화 상담 기관이다. 생명 존중 문화 확산과 자살 예방을 실천하는 국제 NGO이며, 24시간 365일 언제든지 어려움에 부닥친 사람들에게 귀 기울인다. 현재 전국에 19개 센터에 약 3천 명의 자원봉사자들이 일하고 있다. 이들 모두가 순수한 자원봉사자들이다.

상담자는 국제 규약에 맞는 교육을 받아야 한다. 서울 센터의 경우, 1년에 1회 상담자를 배출한다. 봄 학기에는 이론 교육 중심으로, 가을 학기에는 현장 실습까지 다 겸해서 교육한다. 교육을 마치면 바로 수료증을 받을 수 있지만, 상담원 자격증은 1년간의 상담 과정을 거쳐야 한다.

그녀는 '한국생명의전화'에서 40년 넘게 전화 상담 자원봉사를 해왔다. 20대에 시작한 일을 60대가 되어서도 계속하고 있다. 언제까지 이 일을 할 것이냐고 누가 물으면 "정신이 건강할 때까지 계속할 것이다."라고 답한다.

그녀의 본업은 요양보호사이다. 우리나라에 장기 노인 장기요양보험 제도가 생겼을 때부터 시작했으니 벌써 12년 차가 되었다. 또 그녀는 요양보호사 교육원을 직접 운영하고 있으며, 대학교에서 사회복지 강의도 하고 있다.

"저는 들어주는 사람입니다."

그녀는 이렇게 말한다.

"저는 들어주는 사람입니다."

박 이사는 20대 때, 일신제강(現 동부그룹) 인사부에서 일했다. 그런데 일이 고되었던지 몸이 극도로 피곤해지면서 급성 늑막염에 걸렸다. 결국 병원에 입원하게 되었는데, 늘 바쁜 생활을 하다가 누워만 있자니 무료해서 신문을 구석구석 다 읽고, 그것으로도 모자라 친구들에게 책을 좀 사 오라고 말할 정도였다.

어느 날, 신문 한구석에서 생명과 관련된 '제1회 시민 상담 교실'이란 작은 글씨를 발견했다. 내용을 살펴보니 청소년 상담, 노인 상담, 아동 상담 등이 있었는데, 그 가운데 박 집사가 배우고 싶은 과목들도 있었다.

그래서 퇴원 후, 기독교회관을 찾아가 공부를 하게 되었다. 그때 일을 회상하며 그녀는 그때 안 아팠더라면, 또 병원에서 작은 글씨의 광고를 보지 않았다면, 이 일을 할 수 없었을 것이라며 아픈 것이 축복이었다고 한다.

그런데 사실 많은 사람으로부터 온갖 어려운 이야기를 듣다 보면, 그 안타까움이 전이되고, 스트레스를 고스란히 옮겨 받기도 한다. 전화 상담 봉사를 시작한 지 1-2년 동안은 실제로 아팠다.

"진짜 많이 아팠어요. 그 아픔이 그대로 저에게 다 들어왔기 때문입니다."

그런데 시간이 지날수록 이 일이 복되다는 생각이 들었다. 상대방의 문제를 객관화시키는 힘이 생기다 보니, 어떻게 해서라도 도와주는데 전력할 수 있게 되었다. 그녀는 상담 전화를 받으면서 늘 느끼는 것은 자신의 그릇만큼밖에는 못 도와준다는 것이었다. 그래서 계속 배우고 체험하면서 자신을 키워나가야 하겠다고 생각했다.

이 일이 누군가에게 조금이나마 선한 영향을 끼친다는 것이 보람 있고 귀하기 때문이다.

"세상에서 사람을 살리는 일보다 귀한 것이 어디 있겠어요? 이런 일을 하면 하나님이 저에게 '너는 예쁜 딸이야.'라고 칭찬해줄 것 같아 기쁩니다."

한 사람의 생명이 천하보다 귀하므로

전화 한 통화로 사람을 살릴 수 있다는 것이야말로 기적이다. 그러나 전화선을 통해 도움을 주는 일은 일회성이다. 매우 안타까운 사연이더라도 정해진 봉사 시간 내에서만 들을 수 있다. 다음 약속은 불가능하다. 왜냐하면 그 사람이 전화를 또 하더라도 같은 상담자와 통화할 확률이 매우 낮다. 생명의 전화는 무작위로, 또 가장 가까운 센터로 연결되기 때문이다. 그래서 그 1일 통화 내에 어떻게든 그 사람을 살리고 희망을 보게 해야 한다는 절박감이 있다.

반면에 통화 초기에는 울고불고하며 힘들다고 하소연했던 사람이 전화를 끊을 때쯤이면 희망이 느껴진다며 감사하다고 말할 때, 또는 다른 어느 곳에서도 이런 말을 듣지 못했는데 여기서 듣게 되었다고 할 때, 이제 살아볼 힘이 생겼다고 할 땐 말할 수 없는 기쁨과 보람을 느낀다.

상담자로서 그녀는 상대방에게 무슨 말을 해주느냐보다는 그의 이야기를 진정으로 아파하면서 듣는다고 한다. 대다수가 자신이 살아온 삶 전체를 이야기하며 하소연한다. 사실 이야기하는 사람 자신이 정확한 답을 제일 잘 알고 있다. 다만 누군가의 지지를 받고, 힘을 받고, 칭찬을 받고 싶은 욕구가 강할 뿐이다. 그래서 진심으로 듣고 나서 당신에겐 대단한 잠재 능력이 있으니 그것을 찾아보라며 지지해주는 상담을 한다.

코로나19로 인해 재택근무가 많아졌다. 그러나 전화 상담은 재택근무가 안 된다. 그래서 40여 년간 꼬박꼬박 센터 부스로 가서 앉는다. 그렇게 전화기를 들고 들어준다. 듣는 힘은 다른 자원봉사자들에게서 얻는다. 자원봉사자들은 정년퇴직한 교사, 사회복지사, 목사, 심리학자, 가정주부, 청년 등 매우 다양하다.

그녀가 처음 생명의 전화 봉사를 하러 갔을 때, 다른 봉사자들에게서 굉장히 따뜻한 정서를 느꼈다. 그 안에서 서로를 격려하고 지지하는 모습을 보고 감동하였다. 이름도 없이, 빛도 없이 정말 조용히 뒤에서 이 사회를 건강하게 하려고 애쓰는 모습들을 많이 보았다. 특히 어르신들을 많이 만났다. 그녀는 말한다.

"제가 이 일을 하지 않았더라면 그런 귀한 분들을 만날 수 없었을 겁니다. 정말 감사한 일이지요."

그래서 지금도 그런 분들을 보면 존경하는 마음이 들고, 그분들처럼 따라가려 애쓴다.

진실의 교감

자살 충동을 느끼는 사람만 생명의 전화를 할 수 있는 것은 아니라고 한다. 어떤 문제에 직면해서 혼자 견디기 힘들 때 1588-1919로 전화 할 수 있다. 전화번호를 모를 때엔 114에서 안내받으면 된다. 초등학생부터 할아버지·할머니까지 누구의 전화도 다 받는다. 마음은 답답한데 하소연할 데도 없고, 들어줄 사람도 없을 때 생명의 전화 상담자들은 들어준다. 그 시대의 약자들에게 필요한 전화이다. 상담자로서 진정으로 상대방의 입장이 되어보려고 애쓰면, 그 진정성이 전달된다. 이것을 '진실의 교감'이라고 그녀는 말한다. 또 서로 얼굴은 보이지 않지만 서로 마음이 통할 수 있다.

40년간 봉사를 해온 그녀는 시대적 약자의 변천을 몸으로 느낀다고 했다. 예컨대, 20대 처음 상담했을 땐 며느리들의 전화가 많이 왔다. 그 당시만 해도 일단 결혼하면 집 안에서 거의 시간을 보내고, 온 식구를 섬기는 일에 지쳐있는 사람이 많았기 때문이다. 그러나 시간이 흐름에 따라 청소년들 상담이 늘어났고, 최근에는 노인과 남성들이 많아졌다고 한다. 구체적인 예를 들자면 상담 전화 10통 가운데 여성 전화가 1통이라면, 남성들의 전화는 9통화이다. 특히 40대, 50대, 60대 남성들의 전화가 다수를 차지한다. 그래서 그녀는 여성들의 지위가 많이 향상되었고, 지금은 남성들이 힘들어하는 시대인 것 같다고 말한다. 전에는 한 번 입사하면 정년이 될 때까지 꾸준히 진급하는 패턴이었는데, 지금은 이직률도 높고, 언제 퇴직할지 모르는 두려움을 안고 있는 직장인들이 많기 때문이다.

딸은 이 봉사를 하지 않았으면 했다고 그녀는 말한다. 지금은 20대이니 좀더 나이 먹고 40대 정도에 하는 것이 좋지 않겠느냐고 말했다. 그러나 딸은 상담하고 돌아오면 너무 뿌듯하고, 그다지 힘들지 않으며 오히려 도움이 많이 된다고 말한다. 그리고 지금까지 4년째 봉사를 하고 있다.

그녀가 처음 생명의 전화를 만날 무렵만 해도 어머니가 1년에 한 번

절에 가서 불공을 드렸다. 그런데 생명의 전화는 초교파적이긴 해도 기독교를 근간으로 하고 있었고, 목회자들도 많았다. 그래서 그녀는 어느 교회에 다니느냐는 질문을 받을 때마다 교회에 안 다닌다고 답했다. 상담원으로서 자격 여부를 살피는 면담지 종교란에 '불교'라고 썼다. 나이도 어린 데다 종교도 불교라서 면담자들은 고개를 갸웃했다. 그러나 그녀는 당당하게 이렇게 말했다.

"신앙 상담은 목사님이 하시고, 저는 일반 상담을 하면 안 될까요?"

그런데 막상 봉사를 시작하다 보니, 주변에 워낙 기독교인도 많고, 기독교의 사랑도 많이 접했다. 또 가까이 사는 고등학교 친구의 권유로 교회에 가게 되었다. 그리고 그곳 주일 학교에서 중국어 가르치기 봉사를 한 지가 벌써 20년이나 되었다. 주일 학교뿐 아니라 청년부, 성가 합창단 등 봉사를 하고 있다. 그녀는 한 번 맺은 인연을 매우 귀하게 여기는데, 이것이 자신의 장점이자 단점이라고 했다. 그래서 상대방이 싫다고 도망가기 전까지는 자신을 필요로 하는 곳은 끝까지 남아 있다고 했다. 생명의 전화뿐만 아니라 교회 안팎에서 다양한 봉사를 이어오고 있다.

"교회에 가면 목사님 설교를 듣는 것도 좋지만, 교회에서 봉사하면서 만나는 사람들로 인해 행복합니다."

그녀에겐 봉사야말로 하나님이 주신 특별한 달란트인 것 같다.

12

내 몸을 내어주는 사랑

-주양교회 표세철 목사-

나는 절대 목사가 되지 않겠다

표 목사는 목회자인 아버지 밑에서 자랐다. 가정 형편은 넉넉지 못했고, 늘 쪼들리는 생활이었다. 그래서 나는 절대 목사가 되지 않겠다고 다짐했다. 그러나 그의 결심보다는 하나님의 부르심이 더 강력했다. 해병대에 있을 때, 부흥회에 참석했다가 목사가 되기로 결심했다. 그리고 해병대 부사관 시절, 현재의 아내를 보고 한눈에 반해 결혼했다. 결혼 후 뒤늦게 신학을 시작했다. 가족의 생계를 위해 표 목사는 화물차 운전을 했고, 밤에는 공부했다.

1988년 그는 결핵성 늑막염(가슴막염)에 걸렸다. 낮에는 일하고 밤에는 신학 공부를 하던 시절이다. 가장이 몸져누워있으니 생업 전선에 나설 사람은 아내밖에 없었다. 그의 아내는 동네 하우스에 가서 일당 5천 원을 받고 일했다. 다섯 살 난 딸 손을 잡고, 백일밖에 안 된 아들을 업은 채였다. 온종일 일한 후 지녁에는 남편 간병을 했다. 이 모습을 본 그는 마음이 아파 도저히 누워있을 수가 없었다.

표 목사의 아내는 눈물을 글썽이며 그 당시를 떠올린다.

"하우스에서 일해 본 적이 없어요. 월세 3만 원인 집에 살고 있었는데, 친구에게 돈을 빌려서 냈어요. 일주일 일하고 돈 받으면, 그것으로 전기세 내고, 겨우 살았어요. 그래도 지금은 감사하죠."

그가 건강을 회복하기까지 3년이 걸렸다. 이때 그의 나이 29세였다. 1991년, 건강을 회복하자마자 주위 사람에겐 무모해 보이는 행동을 한다. 신장 하나를 떼 어느 여고생에게 기증했다. 그러자 그 학생의 어머니는 표 목사 덕분에 딸이 새로운 삶을 얻게 되자, 자신의 신장을 다른 사람에게 기증했다. 그야말로 사랑의 릴레이가 펼쳐진 것이다. 그는 이 가족과 아직도 가끔 안부를 주고받고 있다.

신장을 기증하고 난 후, 어느 날 뉴스에서 박진탁 목사가 사랑의장기기증운동본부를 시작하는 것을 보게 되었다. 그러자 이것도 내가 할 일이라는 생각이 들었다. 그래서 운동본부를 찾아가 상담을 하고 접수도 했다. 그는 이렇게 말한다.

"내가 병으로 누워보니 병마와 싸우는 환자들의 고통을 알게 되었어요. 제 장기를 하나 떼어낼 수 있을 정도로 건강이 회복되었다는 것은 하나님의 축복입니다. 그래서 제가 받은 축복을 나눠주는 것뿐입니다."

그의 곁에 이처럼 헌신적인 사모가 없었더라면 생명 나눔 사역도 할 수 없었을 것이다. 그는 이렇게 고백한다.

"저는 일을 저지르고, 뒤치다꺼리는 사모가 다 합니다. 사모가 없이 저 혼자서는 아무 일도 못 합니다."

헌 집 줄게 새 집 다오

표 목사가 신장 기증을 할 때만 해도, 간 이식을 할 수 없었다. 왜냐하면 그 당시 의술로는 전신 마취를 한 후 신장 기증한 사람은 또 다른 장기를 기증할 수 없다고 했기 때문이다. 그런데 2002년 뉴스에서 신장을 기증한 사람이 간도 기증했다는 소식을 접했다. 그 사이 의술이 발달한 것이다. 이에 그는 드디어 간도 기증할 수 있다는 생각으로 검사를 받았다. 검사 결과 기증이 가능하다고 했다. 그래서 간의 60%를 잘라내 기증했다.

일반적으로 간을 반 이상 잘라내고 나면 3개월 안에 간이 자라난다고는 한다. 그러나 꼬리 잘린 도마뱀 꼬리가 자라나는 것과는 다르다.

평균적으로 원래 간 크기의 70%까지만 자란다지만 간이 새로 생겨난다기보다는 남아 있는 간이 부어오르며 벌크업이 되는 것이다. 다행히 간 기능은 원래대로 돌아간다. 따라서 간을 떼 누군가에게 내어준다는 것은 절대 보통 일이 아니다. 그러나 그는 환한 얼굴로 이렇게 말한다.

"60%를 떼어주고 40% 남았는데, 6개월 만에 다시 60%가 새 간으로 재생되었습니다. 얼마나 감사합니까? '헌 집 줄게, 새 집 다오.'라는 말처럼 헌 간을 주고 새 간을 얻고 더 건강해진 것이지요."

그가 간을 기증한다고 했을 때 사실 반대가 많았다. 남에게 기증하다가 혹시라도 어떻게 되면 어쩌느냐는 이유에서였다. 그는 수혜자도 걱정이 되었다. 그래서 모두 건강하게 좋은 결과를 맞이할 수 있도록 새벽마다 울부짖으며 기도했다.

그는 지인들과 주변 목회자들에게도 신장과 간을 기증하라고, 헌혈하라고 독려했다. 그 결과 40여 명이 동시에 신장과 간을 기증하기도 했다.

하나님 사랑, 이웃 사랑

동네마다 떠도는 아이들이 있다. 그는 이들에게 다가가 먹을 것을 나누어 주었다. 컴퓨터도 주었다. 이러한 나눔을 시작으로 하여 태릉지역아동센터 운영을 하게 되었다. 아동센터를 걸쳐간 아이들 가운데 벌써 성인이 되어 그와 함께 아이들을 돕는 이도 있다.

　그의 시야는 아이들을 넘어 재소자들에게 확대되었다. 26명의 재소자에게 매주 주보와 설교문을 보내고 있다. 또 도움을 청하는 재소자들에게는 조금이나마 영치금을 보내준다. 그러다 보니 재소자들 사이에 소문이 돌기 시작했다. 표세철이란 목사가 설교문을 보내주고, 영치금도 보내주니 신앙생활에도 도움이 되고, 교도소 생활에 도움이 된다는 것이다. 그래서 그는 재소자들로부터 편지를 자주 받는다. 그 편지들을 가나다순으로 다 분류해놨다. 감사의 표시로 성경 필사한 것을 그에게 선물로 보내는 재소자도 있다.

　한번은 그와 교제를 하던 재소자가 입원했다는 연락을 받았다. 알아보니 임파선(림프)에 암이 생겼다. 그래서 면회하러 가서 경찰관들에게 양해를 구한 후, 기도해주었다. 얼마 후 재소자 아내가 사망 소식을 전했다. 그 소식을 듣고 가슴이 몹시 아팠다.

　출소 후 교회의 표어를 나무에 새겨 보내는 사람도 있고, 교회에 찾아와 몇십만 원씩 감사 헌금을 하는 이도 있다. 출소는 했지만, 여전히 어렵다며 카톡으로 도움을 청하는 사람도 있다. 어느 경우든 그의 바람은 한결같다. 단 한 사람이라도 예수님의 품에 안기면 좋겠다는 바람이다.

　그의 나눔 행보는 멈출 줄을 모른다. 이제 다음 대상은 어르신들이다. 지역 어르신들에게 주일마다 식사와 간식을 대접한다. 더 나아가치매 예방 교실까지 열었다. 표 목사가 담임하는 주양교회는 골목 상가 2층에 있는 작은 교회다. 그러나 나눔과 섬김에 있어서만은 통이 크다. 그의 나눔 운동은 들불처럼 번져나가 한국 교회에 릴레이 나눔 운동으로 확대되었다.

자신의 생명 나눔 실천을 보고 놀라워하는 사람들을 향한 표 목사의 대답은 늘 같다.

"제가 한 일들은 그리 대단한 것이 아닙니다. 그리스도인이라면 마땅히 해야 할 일이지요. 네 이웃을 네 몸과 같이 사랑하라는 예수님의 말씀을 실천할 뿐입니다. 5리 가자고 하면 10리를 갈 뿐입니다. 겉옷을 달라고 하면 속옷까지 줄 뿐입니다. 하나님 사랑 이웃 사랑을 실천할 뿐입니다."

그는 2021년 개혁총연 106회 총회장으로 선출되었다. 이에 대해 자신은 총회장 자격도 없을뿐더러 되고 싶다는 꿈도 전혀 없었다. 그러나 코로나 시대에 제가 할 일이 있는 것 같다며 하나님의 부르심으로 알고 순종하겠다고 말했다. 총회장이 되면 말을 할 수 있는 장이 많이 펼쳐지기 마련이다. 그때마다 아이들 교육을 위해 한국컴퓨터선교회의 성경 타자를 추천한다. 또 삶 속에서 물질과 시간의 나눔은 물론 헌혈과 장기 기증을 권유한다. 숨을 거두는 환우가 하루 7.5명꼴이라는 사실을 전하며 생명 나눔을 촉구한다.

12 내 몸을 내어주는 사랑

피, 곧 생명을 나누기 위해

표 목사는 1978년, 고등학생이었을 때 처음 헌혈했다. 헌혈 버스를 보고 우연히 시작한 헌혈이 42년간 지속된 것이다. 지난 42년간 그는 매달 1번 이상, 총 626번(2021년 9월 기준)이 넘게 헌혈했다. 또 조혈모세포(피를 만드는 어머니 세포) 기증도 약정했다. 그가 명예의 전당에 오른 것은 당연하다. 명예의 전당이란 대한적십자사 혈액 관리 본부에서 100회 이상 한 사람들을 위해 펼쳐진 '헌혈 레드 카펫'이다.

대다수의 사람은 주사 맞는 것을 두려워한다. 그런데 그는 지금까지 600번 이상 바늘을 꽂았다. 그러다 보니 바늘 자국이 굳어져서 지금은 채혈할 때 주삿바늘이 잘 들어가지 않아 간호사들이 애를 먹을 정도다.

그는 앞으로도 더 오래 헌혈을 할 수 있도록 지금도 열심히 건강 관리를 한다. 예컨대, 탁구, 공원 산책, 윗몸 일으키기 등 일주일에 세 번씩, 30분 이상 운동을 한다. 헌혈 일주일 전부터 복용하는 약도 끊는다고 한다. 그런데 올해 들어(2022) 척추와 무릎에 통증이 생기면서 몸이 예전 같지 않다.

처음에는 두 달에 한 번 가능한 전혈 헌혈을 하다가, 지금은 2주에 한 번 가능한 성분 헌혈을 하고 있다. 전혈 헌혈은 혈액의 모든 성분, 즉 백혈구, 혈장, 혈소판 모두를 헌혈하는 것이다. 전혈 헌혈에 걸리는 시간은 10-15분 정도이다. 성분 헌혈은 혈장과 혈소판으로 나뉜다. 성분 채혈기를 통해 필요한 성분만 채취하고 나머지 성분은 다시 헌혈자에게 주입한다. 따라서 시간이 오래 걸린다. 혈장은 30-40분, 혈소판은 1시간-1시간 30분까지 걸린다. 일반적으로 헌혈할 때 뽑는 피의 양은 몸무게에 비례한다. 평균적으로 320-420cc를 뽑는다.

"제 경우엔 550cc를 헌혈할 수 있습니다. 그리고 우리나라에서는 65세까지 헌혈할 수 있는데, 제가 58세니까 2주에 한 번씩 혈장 성분 헌혈을 한다면, 앞으로 800번 이상까지 가능할 것 같습니다."

그는 예수님의 사랑을 이웃에게 몸소 실천하는 특별한 하나님의 사람이다. 이런 모습이 우리의 일상의 모습이면 이 세상은 얼마나 행복한 세상이 될까.

13

50여 년 이어진 봉사의 삶

-봉사 명장 김상기 장로-

봉사 명장

강원도 속초시에서 천일안경원을 운영하는 김상기 원장에게 따르는 수많은 수식어와 직함을 일일이 열거하기 힘들 지경이다. 한국늘사랑회 이사장, 늘사랑장학문화재단 이사장, 사랑의장기운동본부 이사, 강원 청소년문제연구소 소장, 속초경찰서 선도심사위 전문위원, 속초가정행복연구소 대표, 속초교육지원청 학폭 위원장, 강원북부교도소 귀휴심사위원, 봉사 명장 등등 이 모든 것을 관통하는 것은 50여 년간 꾸준히 이어진 그의 봉사이다.

그가 개인적으로 가장 좋아하는 것은 단연 '봉사 명장'이다. 2020년 2월에 강원도는 그를 자원봉사 명장으로 선정했다. 선정 기준은 누적 봉사 활동 1만 시간 이상이다. 2011년 자원봉사센터에 봉사 시간 등록을 시작한 그는 9년 만에 1만 3,125시간이라는 경이로운 기록을 달성하였다. 실제 그의 총봉사 시간은 이보다 훨씬 더 많다. 하루 8시간 봉사만 인정되기 때문에 그 이외의 봉사 시간은 산정에서 제외되었다. 9년 동안 1만 3,125시간을 남을 위한 봉사에 사용하였으니, 평균을 내면 1년에 1,458시간, 하루에 약 4시간 정도 봉사한 셈이다.

봉사의 원동력

이 정도면 봉사를 위해 태어났다고 해도 과언이 아닐 정도이다. 그는 어떻게 해서 남을 위한 봉사에 평생을 헌신하게 되었을까? 자신이 뽑은 봉사의 원동력은 바로 가난과 신앙이었다.

1955년 속초 출생인 그는 가난한 어부의 둘째로 태어났다. 넉넉지 못한 집안 형편으로 진학을 포기하고 공장을 다녀야 했던 아픔과 좌절을 겪었다. 방황과 실의로 가득한 청소년기를 보냈다. 직장생활을 하던 어느 날 그는 교회에서 "가난한 이웃을 도우라"는 설교를 듣게 되었다. 이 설교를 듣고 "나처럼 불행한 청소년들이 없어야 한다"고 생각한 뒤 불우한 청소년들을 돕기 위한 행동에 나섰다.

적은 돈이지만 친구들과 함께 힘을 합해 어려운 동네 동생들에게 장학금을 주기 시작했다. 당시 그의 월급은 지금 돈의 가치로 30만 원 남짓했다. 하지만 친구들과 일일 찻집, 산동네 연탄 배달 등을 하며 자신보다 더 힘든 청소년들을 도와나갔다. 그렇게 시작된 불우청소년 장학금 지급은 1975년부터 1,200명이 5억 원 정도의 장학금 혜택을 받기에 이르렀다. 또한 1991년에는 소년 소녀 가장들을 위해 임대주택 8채의 보증금을 지원해주기도 했다.

"한때는 너무 힘들어 품지 말아야 할 생각을 했던 적도 있었습니다. 하지만 차라리 죽을힘으로 청소년을 위해 헌신하겠다고 마음을 고쳐먹었어요."

그렇게 마음을 먹은 뒤로 그는 평생을 바쳐 봉사의 삶을 꾸준히 이어가니 그의 주변에 많은 봉사자들이 모여들었다. 나눔이 이어질수록 이들의 도움을 필요로 하는 곳이 더 많이 눈에 띄었다.

봉사의 체계를 갖추다

실로 그의 봉사의 손길을 필요로 하는 곳은 다양했다. 따라서 짜임새 있는 봉사 체계를 세우는 것이 절실했다. 그래서 세워진 것이 사단법인 한국늘사랑회와 재단 법인 늘사랑장학문화재단이다. 1975에 창립된 한국늘사랑회는 '우리들의 가슴속엔 늘 사랑이 있다'라는 캐치프레이즈로 틈새 계층에 있는 이들을 위한 다양한 봉사 활동을 펼치고 있다. 또한 늘사랑장학문화재단은 1980년에 창립되었다.

이 단체들은 창립 이래 지금까지 다양한 활동을 벌이고 있는데, 소년·소녀 가장 졸업 잔치 개최를 지원하고 있으며, 지역 학생 대상 후원 물품 전달과 장학 사업 등이 그것이다. 이외에도 국내외 의료 지원, 제3세계 국가 어린이 심장병 수술 지원 등의 활동도 이어나가고 있다.

쉼 없이 펼쳐지는 다양한 봉사 활동

그의 봉사 활동은 실로 끝이 없는 것 같다. 소외된 이웃이 있는 곳이면 어디든 달려가 각 사람의 필요를 채워주기 위해 최선을 다한다. 그는 지역의 저소득 가정 학생 교복 맞춰주기, 결식아동에게 사랑의 도시락 전달하기 및 김장 김치, 떡 등 음식 나누기에 앞장설 뿐 아니라 청소년 상담, 멘토 활동 등을 펼치고 있다. 그 외에 국선 보조인으로 춘천지법에서 30년 넘게 위기 청소년을 위한 변론 활동에도 참여하고 있다.

1983년부터 그는 심장병, 백혈병, 뇌성마비 등을 앓는 소외 계층에게 치료와 수술 지원을 시작했다. 이뿐 아니라, 저소득층 학생과 약시 노인들을 대상으로 하는 무료 안경 제공 및 농어촌 등 의료 사각지대를 순회하며 무료로 주민들에게 기초 시력 검진을 진행해왔다. 또 보청기 봉사단과 협업해 필리핀, 중국, 사이판, 캄보디아 등에서 해외 저개발 국가 사람들을 대상으로 시력 및 청력 무료 검진과 수술을 지원해왔다.

이외에도 재단 법인 사랑의장기기증운동본부와도 인연을 맺어 현재는 장기 기증 이사로 재직하고 있다. 이에 대해 그는 다음과 같이 피력했다.

"장기 기증과 인연을 맺게 된 것은 1991년 1월 박진탁 이사장님이 생면부지의 여성에게 자신의 콩팥을 기증했다는 보도를 접하고 서울에서 만났습니다. 그리고 그해 4월 20일 전국 최초로 장기 기증 강원 지역 본부를 속초에 창립하게 되었습니다."

군부대 봉사

실로 그의 봉사 활동의 영역에 성역이란 있을 수 없다. 군인들이라고 예외는 아니다. 2020년 11월 9일에 한국늘사랑회는 경남안경사협회와 더불어 육군 39사단과 장병들의 안경, 콘택트 렌즈 정비, 제작을 위한 업무 협약(MOU)을 체결했다. 훈련병들의 안경과 콘택트 렌즈를 제작, 정비함으로써 이들이 국방에 헌신하는 데 도움을 주자는 취지로 진행된 행사였다. 협약식에 참여한 그는 훈련병들과 기간 장병들을 위해 선글라스와 고글(4000만 원 상당) 등의 위문품을 전달하고 안경을 손수 제작·정비해주기도 했다.

그는 2021년 11월에 '함께 해요! 밝게 맑게, 사랑해요! 충용군단'이라는 슬로건으로 부대를 방문하여 장병들에게 무료 안경 봉사를 펼쳤다. 200여 명의 충용군단 병사들은 18일에 시력 검사를 받은 후 26일에는 총 4000만 원 상당의 안경을 받아 훈훈한 세밑을 보내게 되었다.

2022년 7월에는 동부전선을 수호하는 고성 22사단 군수 지원 대대를 찾아 140여 명의 장병들에게 강의를 했다. 2시간 가량 진행된 강의의 주제는 '만남과 아름다운 인간관계'였다. 강의에서 그는 우연적인 만남과 인연을 통해 성공의 길에 들어설 수 있었던 다양한 인물의 사례와, 자식을 구하기 위해 불길 속으로 뛰어든 어머니의 감동적인 사연을 소개하며 인연의 소중함과 부모님의 사랑에 대해 이야기했다.

이 재능기부 형식의 강의는 2월부터 7월까지 약 6개월간 8군단 예하 30개 부대를 순회하며 2700여 명의 장병들을 대상으로 총 1200시간 동안 진행되었다. 강원 지역 주둔 부대 중에서도 8군단에 대한 그의 애정이 각별한 것으로 알려졌는데, 2021년 12월에는 군단 모범 장병들에게 안경 125개와 콘택트 렌즈 46개를 선물했다. 2022년 4월에도 20여 명의 자원봉사자들과 함께 이발 봉사를 진행했고, 산불 진화 작전에 힘쓴 22사단 장병들에게 위문품을 전달하였으며, 저시력 장병들이 사용하는 방독면 안경을 직접 제작해 무료로 제공하기도 했다. 그는 8군단에 각별한 애정을 갖는 이유를 다음과 같이 밝혔다.

"매년 강원 영동 지역에서 산불 등 자연재해가 발생할 때마다 8군단 장병들이 지역 주민들을 위해 묵묵히 땀을 흘리며 복구 활동을 펼치는 모습에 감동했습니다. 이후 8군단을 위해 할 수 있는 일이 뭐가 있는지 고민하고 있습니다."

근거 없는 비난을 딛고

그의 따뜻한 사랑과 헌신으로 많은 이들이 도움을 얻고 용기와 희망을 되찾게 되었으나, 모든 사람이 그의 봉사를 고운 시선으로만 보는 건 아니다. 일각에서는 그의 동기를 의심한다. "저게 다 정치권에 진출하려고 벌이는 쇼다"느니 "알고 보면 사기꾼 같은 놈"이라고 비난하는 사람들도 있었다. 어디 이뿐인가? 때론 도움을 건넨 이에게 뒤통수를 맞기도 했다.

힘이 쭉 빠지는 순간이 아닐 수 없다. 그러나 이러한 근거 없는 비난에 굴하지 않고, 꾸준히 봉사를 이어나갔다. 그 결과 오랫동안 지속된 그의 헌신과 봉사는 인정을 받게 되었다. 행정자치부(현 행정안전부)로부터 2016년 12월 국민훈장 석류장을 받았다. "그가 실천해온 나눔 실천은 일일이 열거하기 힘들 정도"라는 게 당시 행정자치부의 시상 평이었다.

그 이후 2020년 2월 그는 강원도로부터 자원봉사 명장에 선정되는 영예를 안았다. 그밖에도 2022년 아낌없는 봉사의 삶을 산 공로가 인정되어 사단 법인 훈민정음기념사업회로부터 훈민정음 명장으로 선정될 뿐 아니라, 훈민정음기념사업회 명예 총재로 위촉되었다. 이외에도 그는 다수의 훈·포장을 수상하였다. 상을 받으려는 목적으로 봉사를 시작한 건 아니지만, 상을 받으면 기쁘면서도 더 무거운 책임감을 갖고 봉사에 임하게 된다.

내가 처한 그 자리에서

"저는 '마지막 숨이 멈추는 순간까지 남을 위해서 살다 가다'라는 묘비명을 실천하기 위해 전 세계에서 필요로 하는 곳이라면 어디든지 달려갈 준비가 되어 있습니다."

그는 자신의 작은 봉사의 행동 하나하나가 모여 사회 전체에 미칠 영향을 잘 알고 있다. 봉사하기 위해 멀리 갈 필요는 없다. 봉사는 항상 '자신이 있는 그 자리에서' 시작된다. 이에 대해 그는 다음과 같이 기독교인들을 향해 당부의 말을 한다.

"내가 처한 그 자리에서 작으면 작은 대로 남들을 섬기는 분들이 되셨으면 합니다. 그 현장에 기독교인들이 하나의 역할을 감당하면 교회도 사회적 영향력을 회복할 겁니다."

그러면서 그는 '이제는 행동으로 교회와 성도들이 보여주어야 하는 시대'임을 강조한다.

눈물과 보람

그동안 수많은 봉사 활동을 하면서 보람도 많이 느꼈을 것이고, 이웃들과 슬픔과 아픔을 함께 나누며 잊지 못할 순간들도 여럿일 것이다. 그에게 가장 잊지 못할 일은 무엇일까? 그 순간을 떠올리는 그의 눈시울이 붉어졌다. 심장병 수술을 지원한 어린이가 모두의 간절한 바람을 뒤로 하고 끝내 수술실에서 숨을 거둔 일은 아마 평생 뇌리에 남을 것이라고 한다.

반면 그를 가장 행복하고 보람을 느끼게 한 때도 있었다. 그의 도움을 받은 비행 청소년이 나이 들어 그를 찾아와 '아빠'라고 부르며 결혼식 주례를 부탁했을 때 그가 느낀 행복과 보람은 말로 형용할 수 없다.

삶을 내어줄 때 진정한 변화가 찾아온다

오랜 봉사의 삶에서 얻은 깨달음을 그는 이렇게 표현한다.

"어려운 이를 돈으로 돕는 건 쉽지만, 삶을 내어줄 때 진정한 변화가 찾아옵니다."

사실 봉사라고 해서 반드시 거창할 필요는 없다. 따뜻한 마음과 관심만 있으면 언제든지 시작할 수 있는 것이 내 이웃을 돕는 일이다.

"주변에 무거운 짐을 든 할머니를 돕는 것부터 실천하면서 내 주변을 따뜻하게 만들어 나가길 바랍니다."

봉사 대장 김상기 장로 같은 분이 계시기 때문에 오늘도 세상은 함께 살아볼 만큼 따뜻한 것이다.

14

우는 자와 함께 우는 삶

-국내 첫 자매 장기 기증 박옥남·박옥순 자매-

우리나라 최초의 '자매 장기 기증'

1969년 3월 25일 서울 명동의 성모병원에서는 장기 이식 수술에 성공했다. 대한민국 최초였다. 만성신부전증을 앓고 있던 환자에게 시행한 신장 이식 수술이 성공을 거둔 것이다. 이후 장기 기증이 이루어지기까지는 10년의 세월이 더 지나야 했다. 1979년 한양대학병원에서는 뇌사 판정을 받은 41세 남성으로부터 기증받은 신장을 이식하는 데 성공했다.

그리고 1993년 언니 박옥남 사모의 신장 기증에 이어 1999년 동생 박옥순 집사까지 자신의 신장을 기증함으로써 박옥남·박옥순 자매는 우리나라 최초로 '자매 장기 기증'이라는 기록을 남겼다.

여고생의 안타까운 죽음 그 이후

국내 최초의 '자매 장기 기증'이라는 기록보다 더 값진 것은, 당연한 말이겠지만, 이들 두 자매가 보여준 삶의 이력에 있다. 1987년 박옥남 사모는 가정 형편이 좋지 않아 투석을 제대로 받지 못한 채 숨진 여고생을 지켜봐야 했다. 바로 같은 교회 장로의 딸이었다. 이후 그녀는 자기 몸의 일부를 나누어서라도 생명을 살릴 수 있다면 기증을 해야겠다고 생각했다.

그녀는 1992년 우연히 한 TV 프로그램에서 장기기증본부 박진탁 이사장이 "신부전 환자가 살 방법은 장기 기증뿐"이라는 말을 듣고 신장 기증을 결심했다. 그리고 이듬해인 1993년 그 결심은 현실이 되었다. 자신의 한쪽 신장을 내놓았다. 신장을 기증받은 사람은 이름도 모르던 20대 여성이었다.

물론 남편과 아들의 반대가 있었다. 한 남편의 아내이자 아들의 엄마이기에 가족들조차 그녀의 결심에 선뜻 동의하지 못했다. 당시를 이렇게 회고했다.

"신장병을 앓고 있지만 형편이 안 좋아 투석을 못 받는 바람에 숨진 아이를 보면서 내 몸의 일부로 소중한 생명을 살릴 수 있다면 당연히 기증해야 한다는 생각이 들었어요."

아내와 엄마의 이러한 생각에 결국 두 남자도 동의했고 기증이 이루어졌다.

언니를 본받아

동생 박옥순 집사에게 언니 박옥남은 엄마 같은 존재였다. 그가 언니 뒤를 이어 신장 기증을 결심한 배경에는 엄마처럼 믿고 따랐던 언니의 영향이 컸다. 두 사람은 5남매 중 둘째와 셋째로 가장 친한 사이였다. 언니가 하는 건 다 따라고 하고 싶었던 박옥순 집사는 언니가 자신의 신장을, 그것도 생면부지의 남에게 기꺼이 내놓는 것을 보고 자신도 신장을 기증하겠다고 했다.

언니에 이어 동생까지 신장을 기증하겠다고 하니 가족들의 반대가 만만치 않았다. 언니 박옥남 사모도 만류했다. 신장 기증을 위한 수술이 쉽지 않을 뿐 아니라 그만큼의 고통도 뒤따른다는 것을 누구보다 잘 알고 있었기 때문이었다. 하지만 그녀의 결심은 단호했다.

"아픔을 감수하지 않고 어떻게 다른 이의 생명을 살릴 수 있겠어? 우리 언니를 봐. 신장 하나 떼어 주고도 얼마나 건강하냐?"며 가족들을 설득했다.

동생의 확고한 마음을 확인한 박옥남 사모는 동생의 결심에 동의하며 동생의 간병을 자처했다. 신장을 기증한 그녀는 이렇게 말했다.

"신장을 떼어낸 자리에 다시 신장이 자란다면 몇 번이라도 더 나눠주고 싶어요."

언니 못지않게 다른 사람을 돕고 생명을 살리는 일에 진심이었기에 할 수 있는 말이었다.

그녀의 장기 기증은 1999년 3월이었고 당시 47세의 나이였다. 역시나 이름조차 모르던 20대 여성에게 기증이 이루어졌다. 신장을 증여받은 그 여성은 수술 이후 결혼도 하고 자녀도 낳으면서 정상적인 생활을 하고 있다. 언니의 신장 기증 이후 6년 만에 우리나라 최초의 자매 기증자가 된 것이다.

뜻밖에 찾아온 불행 속에서도

신장 이식 수술 이후에도 두 사람은 건강하게 지냈다. 두 자매는 신장을 나눠준 뒤에도 장기기증본부의 신장 기증·이식인 모임인 '새생명나눔회'에서 활동하며 적극적으로 장기 기증을 위한 홍보에 나섰다.

그러던 중 2019년의 어느 날이었다. 동생 박옥순 집사가 속이 불편하여 병원을 찾았다가 위암 3기 판정을 받았다. 마른하늘에 날벼락이었다. 투병 생활을 시작했지만 수술을 받을 수는 없었다. 신장 기증 후 3년이 지난 뒤 심장 수술을 받았는데 심장이 제 기능을 발휘하지 못하면서 항암 치료가 어려워진 탓이었다. 암세포는 폐까지 전이되었다. 결국 2021년 한 차례 수술을 받았지만 회복되기는 어려운 상태였다.

자신의 상태를 잘 알고 있었던 그녀는 가족들에게 병원 치료를 중단하고 집에서 편안하게 지내고 싶다고 말했다. 그리고 2022년 1월 3일 조용히 숨을 거두었다. 70세의 나이였다.

죽음을 앞둔 상황에서도 그녀는 자신의 불행을 원망하지 않았다. 오히려 가족들에게 자신의 시신을 의대에 기증하고 싶다는 의사를 밝혔다. 숨지기 하루 전에도 자신의 뜻을 재차 확인하며 신신당부했다. 가족들은 고인의 뜻을 받들어 2022년 1월 5일 그의 시신을 경희대 의대에 기증했다.

"병마 속에서도 이타적인 마음을 잃지 않았던 동생의 마지막 모습은 생전 평온한 모습 그대로였어요."

언니 박옥남 사모가 지켜보았던 동생의 마지막 모습이었다.

새로운 생명을 위한 시작이 된 죽음

자신에게 닥친 불행을 원망이 아니라 새로운 생명을 위한 기회로 삼았던 그녀의 마지막 모습에 다른 두 동생도 사후 시신 기증을 약속했다. 그뿐 아니었다. 박 집사의 두 딸도 사후 장기 기증을 약속했다. 그녀에게 닥친 죽음은 더 이상 불행이 아니라 새로운 생명을 위한 작은 시작이 되었다.

고인의 부고를 접한 사랑의장기기증운동본부 박진탁 이사장 역시 고인을 향한 감사와 존경의 뜻을 전했다.

"생이 다하는 순간까지 생명 나눔을 향한 거룩한 의지를 보여주신 고인의 뜻을 오래도록 기억하겠습니다. 고인의 숭고한 헌신이 이어져 생명을 살리는 일에 도움이 되기를 바랍니다."

우는 자와 함께 우는 삶

누구보다 사랑하던 동생을 먼저 떠나보냈지만 박옥남 사모는 생명을 나누는 일이 얼마나 가치 있는 일인지를 알리는 데 주저하지 않았다. 그녀는 남은 생애 동안 자신이 살아가야 하는 삶의 이유와 목표를 이렇게 말한다.

"우는 자와 함께 울고 기뻐하는 자와 함께 기뻐하며 어려운 이웃을 돌보는 것이 평생의 소명입니다."

가족에게조차 자신의 장기를 떼어주는 일은 결코 쉬운 일이 아니다.

자신의 생명을 나누는 일이기에 그러하다. 그렇지만 자신의 생명을 나누기 이전에 박옥남 사모는 "우는 자와 함께 울고, 기뻐하는 자와 함께 기뻐하며" 살기를 소망한다. 이웃의 아픔에 함께 아파할 줄 알고, 이웃의 기쁨에 함께 참여할 줄 아는 사람의 삶이 결국 자신의 생명까지도 나누어줄 수 있는 데까지 이어지지 않을까.

3장

누가 우리의 이웃인가?

15

날마다 교도소로 출근하는 수의사

-교정 선교 40년 김신웅 장로-

어둡고 캄캄한 터널을 지나

김신웅 장로는 경북대학교 수의학과를 졸업했다. 가족들은 그가 수의사로의 삶을 살기를 바랐다. 그러나 그는 수의사보다는 일확천금에 마음이 갔다. 그래서 지인의 권유로 서울로 올라가 투기사업을 시작했다. 집안 돈이 바닥나자 지인들 돈까지 빌려 사업을 강행했지만, 매번 실패했다. 급기야 노숙하는 상황에 이르렀다. 무료급식소에서 겨우 한 끼를 때우거나 아예 굶는 일이 많았다.

인생이 바닥을 치고 있을 때, 하나님은 그의 삶에 적극적으로 개입하셨다. 그리고 가족들의 도움을 받아 경남 함양에 동물병원을 개원했다. 아내(박혜심 권사)는 그곳에서 초등학교 교사로 근무했다. 동물병원이 잘되지 않아 폐업하고 대구로 이사 왔다. 그런데 하나님이 그의 친한 친구를 통해 김 장로 가족을 청송군 진보면으로 부르셨다. 지금의 청송교도소가 있는 곳이다. 이곳에서 다시 동물병원을 개원했다.

그는 어떻게 교정 선교의 길을 걷게 되었을까?

1982년 8월, 그는 자기 인생에서 가장 심각한 위기 상황에 직면하게 되었다. 절실한 소원을 담고 하나님께 간절히 매달리지 않을 수 없었다. 그때 그는 하나님께서 그 위기에서 벗어나게만 해주시면 주님이 시키는 일은 무엇이든 하겠다고 서원했다. 문제가 해결된 후 또다시 이런 제목으로 기도했다.

"하나님, 저의 사명이 무엇입니까?"

금식하면서 기도하던 어느 주일날, 총각 교도관 지정수 주임이 그에게 찾아왔다. 마태복음 25장 31-40절을 읽더니 그에게 의미 있는 질문을 던졌다.

"집사님, 목사님들은 믿기만 하면 다 천국에 간다고 말하는데, 제 생각엔 사랑으로 천국에 가는 것 같습니다. 만약에 집사님이 오늘 밤 죽으면, 예수님이 내가 주리고, 목마르고, 나그네 되었을 때, 헐벗었을 때, 병들었을 때, 옥에 갔을 때 너는 무엇을 했느냐고 물으시면 뭐라 하실 겁니까?"

이 질문에 그는 할 말이 없었다. 그래서 교정 선교를 하기로 결단했다.

그런데 아내에게 이 이야기를 하니 극구 말렸다.

"청송감호소에는 이 나라에서 제일 무서운 사람들이 온다는데, 우린 딸 둘을 키우고 있는데 당신 감당할 수 있겠어요? 그 사람들이 갇혀 있을 때에야 얼마든지 예수님의 사랑을 행할 수 있겠지만, 우리 집에 쳐들어오기라도 하면 어떻게 해요?"

아내의 태도는 강경했다. 만일 반대에도 불구하고 교정 선교를 한다면 이혼도 불사하겠다고 했다. 이렇게 설전이 오고 갈 무렵 유치원에 다니는 딸이 오더니 이런 말을 했다.

"엄마, 아빠, 예배당 선생님이 그러시는데, 예수님이 이 세상에 오신 것은 의인을 위해서가 아니라 죄인을 위해서래요."

이 말에 그는 정신이 번뜩 들었다.

'아, 성령님이 저 아이의 입술을 통해 말씀하시는구나.'

이때부터 동물병원 수의사는 그에겐 부업이 되어버렸다. 대신 교정 선교가 본업이 되어 시간이 나는 대로 4개 교도소(청송교정 시설에는 직업 훈련 교도소도 포함하여 4개 교도소가 함께 있음)를 돌면서 재소자들을 만나 복음과 사랑을 전했다.

20년 동안, 24시간 내내 문이 열린 집

김 장로의 집 대문은 24시간 열려 있다.

"저희가 빌라에 들어가기 전에는 낡은 기와집에 살았어요. 저는 20년 동안 한 번도 문을 잠근 적이 없어요. 방이 두 개였는데 하나는 우리가 쓰고, 다른 한 방엔 출소자들이 살았어요."

문이 늘 열려 있으니, 새벽에도 재소자가 찾아온다. 그때마다 아내 박 권사는 졸린 눈을 비비고 일어나 따뜻한 밥상을 차리곤 한다. 그녀의 이러한 섬김은 어느 날 갑자기 생긴 것이 아니다. 박 권사의 집은 아주 부유했다. 배를 곯는 많은 사람이 그녀의 집으로 몰려왔다. 그때마다 부모님은 그들을 따뜻한 불가로 인도하여, 먹을 것을 제공했다. 나이 드신 분이나 몸이 불편한 분은 아예 안방으로 모셨다. 명절에는 푸짐하게 음식을 장만하여 다리 밑에 움막을 치고 사는 사람들에게 가져다주었다. 그녀는 친정 부모님으로부터 나누고 베푸는 삶을 보고 자랐다. 그리고 똑같이 실행했다. 하나님이 김 장로와 함께 박 권사를 교정 사역을 돕는 자로 부르셨음이 틀림없다.

출소자들 가운데는 성폭행 전과가 있는 사람도 있었다. 어느 해인가 성탄절 전날, 장로님 한 분이 김 장로에게 물었다.

"**가 지금 어디 있습니까? 그 친구 성폭행 전문범입니다."

"지금 우리 집에 있는데."

그랬더니 빨리 집에 가보라고 다그쳤다. 그러나 그는 자신이 할 일을 다 마치고 느긋하게 집으로 돌아왔다. 집에 와보니 **는 저쪽 방에서 코를 골고 자고, 두 딸은 이쪽 방에서 노래를 부르고 있었다. 김 장로에겐 하나님이 모든 것을 지키시고, 책임지신다는 믿음이 확고했다. 그는 이렇게 말한다.

"출소자들을 경계의 빛으로 대하면 오히려 재범을 저지르기 쉽습니다. 그러나 성령님이 내 안에 강하게 역사하시면 언제든지 편한 마음으로 내 이웃처럼 만날 수 있습니다."

1996년, 출소한 지 얼마 안 되는 재소자가 그의 집에서 잠을 자는데 비가 샜다. 일주일쯤 후, 집에 와보니 세간은 다 마당에 나와 있었고, 십여 명의 출소자들이 분주하게 일하고 있었다. 김 장로 집에 비가 새더라는 말을 전해 듣고 달려온 것이다. 3일에 걸쳐 이들은 비 새는 곳을 수리하고, 기와지붕에 페인트칠도 했다. 고마운 마음에 봉투에 소액을 담아 건넸지만, 그들은 봉투를 돌려주고 휑하니 가버렸다. 그들이 타고 떠난 차 뒤꽁무니를 바라보는 그의 눈에서는 감동의 눈물이 흘렀다.

지난 40여 년간 교정 사역을 해오면서 김 장로가 만난 재소자는 1만 명이 넘는다. 또 2,000명 이상의 재소자들이 그의 도움으로 취업을 했다.

이 가운데 목회자의 길을 걷게 된 사람들도 있다. 담 안에 있을 때 복음을 전하는 것이 중요하지만, 담 밖으로 나왔을 때 재기할 수 있도록 도와주는 것이 중요하다고 그는 힘주어 강조한다.

신창원의 고백

그와 연을 맺은 재소자들 가운데에는 이름만 들어도 알 수 있는 사람들이 꽤 있다. 70-80년대 사회를 떠들썩하게 만들었던 대도 조세형, 90년대엔 탈옥 908일 만에 다시 잡힌 '신창원'이 대표적인 인물이다. 심지어 최근에 석방되어 뉴스를 장식했던 성폭행범 조두순도 있다. 신창원의 경우, '신창원 신드롬'을 불러일으킬 정도였다. 신창원에 대해 모르는 사람이 거의 없었다. 그와 관련된 모든 것이 뉴스거리가 되었다.

김 장로와 신창원 사이엔 흥미로운 에피소드가 많다. 무엇보다 그 만남의 동기가 특이하다. 어느 날 탈주범 신창원이 아파트에 물건을 훔치러 갔다. 물건을 훔치기엔 아직 이른 시간이라 심심풀이로 우편함을 뒤졌다. 그 가운데 '월간 찬미' 소책자가 있었다. 그걸 꺼내 읽다가 '장로님, 장로님, 우리 장로님'이라는 제목의 글을 읽게 되었다. 그 장로님이란 바로 김신웅 장로이다. 그의 사위가 쓴 글인데 재소자의 결혼식 날 아침 가족들 사이에 일어난 에피소드를 담고 있었다. 그때 신창원은 교도소에 있었는데, 먼발치에서 보았던 김 장로의 얼굴을 떠올렸다. 그리고 만일 자기가 체포되어 다시 갇히면 꼭 그분을 만나봐야겠다고 생각했다. 이것이 연결고리가 되어 두 사람의 교제가 시작되었고, 그는 신창원의 영적 아버지가 된다.

또 다른 에피소드는 신창원이 체포되었을 때, 그가 입었던 티셔츠와 관련된 것이다. 신창원이 입었던 알록달록 티셔츠가 사실은 이탈리아 브랜드 명품으로 시가 21만 원이라는 소문이 파다했다. 그러자 매장에서는 그 제품이 동이 나기까지 했다. 훗날 김 장로는 신창원을 만났을 때 직접 물었다.

"너 그 티셔츠 얼마짜리였노? 솔직히 말해봐라. 정말 21만 원 주고 샀나?"

"그거 동대문 시장에서 5천 원 주고 산 겁니다."

지금도 그는 그 일을 이야기할 때마다 미소를 짓는다. 그리고 신창원에 관해 묻는 사람들에게 그의 심성이 얼마나 착한지, 얼마나 효자였는지 이야기한다. 신창원은 어릴 때, 아버지의 술 심부름을 했다. 그런데 어느 순간부터 아버지는 돈도 안 주고 술을 사 오라고 했다. 그때 처음 신창원은 남의 물건을 훔치게 되었다. 훗날 신창원의 아버지는 모두 자기 탓이라고 말하면서 5남매 중에 제일 쓸만한 놈이 저놈(신창원)이라고 말했다.

2천억보다 크신 하나님

모든 사역이 그러하듯 교정 사역에도 물질이 필요하다. 재소자들을 물질적으로 돕다 보면 한 달에 최소한 200-250만 원이 필요했다. 김신웅 장로는 통장 잔액이 간당간당할 때마다 통장을 부여잡고 기도하곤 했다. 그런데 그는 믿기 힘든 제안을 받았다.

자신의 유산을 의미 있게 사용하고 싶어 하는 어느 재력가가 있었다. 그래서 다른 사람을 돕는 일에 일생을 바친 사람들에 대해 알아보라고 했다. 그 가운데 한 사람을 선정하여 2천억 원 상당의 부동산을 희사하겠다는 것이다. 직원들은 수소문하여 희생과 봉사의 삶을 사는 사람들을 추려 명단을 작성했다. 그리고 세밀한 검증을 거쳐 그 가운데 너덧 명을 추려냈다. 그 가운데 김신웅 장로의 이름이 들어 있었다. 그 가운데 최종적으로 선출된 사람 역시 김신웅 장로였다. 재력가의 명을 받은 직원들이 김신웅 장로를 찾아왔다.

"장로님, 인감만 주시면. (2천억 원 상당의 부동산) 등기 이전을 해드리겠습니다."

과연 김신웅 장로는 뭐라고 답했을까?

그는 단번에 거절했다. 이유인즉, 내 것이 아닌 것을 받아 어떻게 교정 사역을 계속할 수 있겠느냐는 것이다. 그들이 거의 한 달 동안 김신웅 장로를 찾아와 설득했지만 그의 마음은 변함이 없었다. 김 장로에겐 오직 하나님만이 공급자이셨기 때문이다.

재소자들이 사랑하는 사람

김 장로의 이야기를 이 짧은 지면에 모두 담을 수는 없다. 다행히 그는 지인의 권고로 『날마다 교도소로 출근하는 수의사』(2020, 킹덤북스)라는 책을 펴냈다. 이 책에는 김 장로가 그동안 체험한 이야기가 골고루 담겨 있다. 무엇보다 김 장로와 박 권사에게(그 당시 암 투병 중이었음) 보내온 재소자들의 편지가 감동을 불러일으킨다. 2003년 4월 신창원이 보내온 편지글 말미에서 그는 이렇게 고백한다.

"장로님을 많이 아프게 해드려서 정말 죄송합니다. 이제 잘할게요. 항상 건강하시고 주님의 사랑 듬뿍 받으시는 행복한 장로님이 되셨으면 좋겠습니다. 장로님의 따스한 손길에 예수님의 사랑의 기적이 함께 하시길…. 장로님, 사랑해요."

16

너희도 이같이 행하라

-참살이힐링마을 이호영 목사-

내 인생을 바꾼 한 마디

이호영 목사는 원래 잘나가는 헤어아티스트였다. 그는 23세 때 처음 미용 기술을 배웠다. 그리고 홍** 선배와 함께 서초동에 '이홍머리방'을 개업했다. '이홍'은 두 사람의 성을 합쳐 지은 것이다. 홍 선배는 그리스도인이었다. 늘 성경을 읽으며, 틈이 나는 대로 고객에게 복음을 전했다. 그 모습이 그의 눈에 아름답게 비쳤다. 이들은 휴일마다 보육원, 양로원, 어린이 병원 등을 방문하여 미용 봉사를 했다.

어느 날, 여느 때처럼 보육원으로 미용 봉사를 하러 갔다. 150여 명의 머리를 잘라주고 나서 간식으로 빵과 우유를 먹고 있는데, 다섯 살쯤 된 아이가 다가와 자기에게도 빵이랑 우유를 달라고 했다. 그래서 봉사팀은 아이에게 빵과 우유를 건넸다. 그런데 잠시 후 초등학교 4학년 정도 되는 아이가 오더니, 그 어린아이를 발로 걷어찼다. 그것을 본 그는 화가 나서 아이를 꼼짝 못 하게 들어 올린 뒤 야단을 쳤다.

"이놈의 자식, 왜 애를 때려!"

그런데 그 아이는 대답 대신 뜻밖의 질문을 했다.

"이 세상에서 제일 나쁜 사람이 누군지 아세요?"

"누군데?"

"교회 다니는 사람이에요."

이때만 해도 이 목사는 교회를 다니지 않고 있었다. 어릴 때 교회에 가보긴 했지만, 교회에서 받은 상처가 남아 있었다. 그래서 그 아이의 말을 어느 정도는 이해했다. 아이는 또 물었다.

"두 번째로 나쁜 사람이 누군지 아세요?"

"누군데?"

"아저씨 같은 사람이요."

그는 그 말을 도무지 이해할 수 없었다.

특별한 때만 되면 나타나 말로만 사랑한다고 하며 물건을 나눠주고, 아이들 사진을 열심히 찍어대는 사람들에게 아이는 자기네가 모델이냐고 따져 묻기까지 했다. 아이의 말을 끝까지 듣고 난 후 생각하니 가슴이 아팠다.

"야, 인마, 나는 계속 여기 올 거야."

그 말에 아이는 콧방귀를 뀌었다.

"기껏해야 1년은 오겠지요. 괜히 우리 동생에게 빵이니 음료수니 줘서 정들게 하지 마세요."

그 사건 이후 그는 하늘을 쳐다보고 이렇게 기도했다.

'하나님, 제가 교회는 안 다니지만, 그 아이의 말처럼 말로만 사랑하지 않고, 그들처럼 소외된 사람들과 늘 함께하겠습니다.'

이 기도는 곧 서원 기도가 되었다. 그는 신학 공부를 하고 목회자의 길을 가기로 했다.

부르심에 순종하다

우리나라에 미용선교회라는 말 자체가 없었을 때부터 그는 미용 선교를 시작했다. 그동안 그에게서 미용 기술을 배운 제자 수만 해도 수천 명이다. 그리고 이들 제자는 배운 기술로 각자의 교회나 지역 사회에 많은 이들을 섬긴다. 패션이나 헤어스타일에는 트렌드가 있어 자꾸 바뀐다. 그러나 믿음과 섬김의 신조는 20대에 가졌던 마음 그대로이다. 그의 꿈은 미용 기숙 학원을 만들어, 그곳에서 숙식하면서 성경도 가르치고, 미용 기술도 가르쳐 평신도 선교사로 국외에 파송하는 것이다. 이것을 그는 '사랑의 릴레이'라고 불렀다.

"제 나이가 60세쯤 되었을 때, 20만-30만 명 정도의 제자가 양성되면, 아예 가맹점을 만들고, 예전처럼 헤어쇼 같은 것도 해서, 미용을 통해서 이렇게 선교할 수 있다는 것을 보여주고 싶습니다."

헤어쇼를 떠올릴 때마다 그의 상처가 다시금 아려온다. 그가 한창 잘나갈 때, 자선 헤어쇼를 하면 최소한 1천여 명이 모였다. 1995년은 그가 잊을 수 없는 해이다. 이때에도 '심장병 어린이 돕기' 자선 헤어쇼를 기획하고 대대적으로 홍보하고 있었다. 그런데 행사 한 달 앞두고 그의 형이 교통사고로 사망했다. 엄청난 상실감 속에서 헤어쇼를 두 달 뒤로 연기했다. 그런데 헤어쇼 장소로 예정되었던 삼풍백화점 붕괴 사고가 일어났다(1995년 6월 29일). 연이은 사건 속에서 그는 인생의 허무함과 인간의 무력함을 실감했다. 그리고 영적 갈급함을 이기지 못하고 성경책 한 권과 자신의 분신과도 같던 바리캉(프랑스어로 머리를 깎는 기구), 그리고 현금 50만 원을 들고 복잡한 세상일을 등지고 정처 없이 떠났다. 하나님은 그의 발길을 한얼산기도원으로 이끄셨다. 그리고 설교를 듣던 중 성령을 체험했다.

"심령이 가난한 자는 복이 있나니 천국이 그들의 것임이요."(마태복음 5:3)

그는 하나님께 또 한 번의 서원을 했다.

"하나님, 제가 산에서 내려가면 그늘진 곳에서 사는 병든 자들을 위해 살겠습니다."

그리고 그는 그동안 운영해오던 이홍머리방 5개를 모두 지인들에게 넘기고, 신학교에 입학했다(1997년). 한때 '미용업계의 대부', '미용업계의 앙드레 김'이라고 불리며 각종 상을 휩쓸고, 5차례에 걸쳐 '심장병 어린이 돕기' 자선 헤어쇼도 열었지만, 세상의 허망함을 깨달은 것이다. 그 후 그는 미용 선교를 위해 무료로 제자들을 양성하고 외국인 근로자센터, 알코올중독자·정신질환자 요양병원, 군부대, 양로원 등 한 달에 평균 10곳으로 봉사 활동을 다니게 되었다.

섬김교회를 세운 이후에도 이 목사는 아무리 바빠도 일주일에 두세 번은 시간을 내서 서울 나들이를 한다. 미용 자원봉사자들을 교육하기 위해서이다. 오가는 동안 버스 안에서의 시간이 이 목사에겐 유일한 휴식 시간이다. 버스에서 일단 내리면, 미용을 가르치거나 설교하면서 정신없이 시간을 보내기 때문이다.

섬김의 집

2003년 7월, 이 목사는 아는 사람 하나 없는 산골짜기에 교회를 세웠다. 작은 이웃을 섬기겠다는 주님과의 약속을 지키기 위해 교회 이름을 '섬김교회'로 정했다. 이 교회엔 장애인인 성도를 포함하여 7명의 성도가 그와 함께 교회를 섬긴다. 장애인 성도들을 볼 때마다 그는 그들이야말로 자기의 스승이라고 생각한다.

"함께 일하다가도 일하기 싫으면 휙 가버리고, 기분이 좋으면 깔깔 웃는 저 형제들을 보면 얼마나 순수한지 몰라요. 내가 저들에게 배울 것이 이것이구나."

그는 교회에서 장애인 성도들을 쫓아내면 후원을 해주겠다는 제안을 받기도 했다. 그러나 똑똑하고 돈 많은 사람들을 들이기 위해 저 순수한 형제들을 버릴 수는 없어서 단호히 거절했다.

교회를 세울 때부터 이 목사에겐 신앙 공동체 마을을 만들겠다는 꿈이 있었다. 그 꿈을 섬김교회 성도들과 함께 하나씩 실현해 나가고 있다. 그가 손에 쥐고 있는 물질은 없지만, 건물을 하나씩 지었다. 모델하우스에서 한 번 쓰고 버린 것들을 다 주워와서 그것으로 건물을 지었다. 필요한 집기나 장판도 다른 사람들이 버린 것을 가져다가 손질

해서 재활용했다. 이런 일을 하자면 손이 아주 많이 간다. 일일이 닦아내고 접착제를 바르다 보면 며칠 밤을 꼬박 새우게 된다. 이런 식으로 한 채 한 채 허가를 받아 집을 짓고 있다.

"목사님들과 선교사님들이 오셔서 쉴 수 있는 공간을 만들고 있습니다."

이렇게 맨손으로 터전을 일구다가 재정이 어려워지면 중단한다. 여건이 허락하면 계속 지으면 된다고 생각하기 때문이다. 그는 자신의 꿈이 이루어지는 때를 향후 20년으로 잡았다. 그러나 진행 속도가 워낙 더디다 보니, 이따금 회의도 든다. 그래도 섬김교회의 가족들과 함께 작은 것부터 천천히 준비하면서 그날은 반드시 올 것이라고 믿음의 끈을 놓치지 않고 있다.

"모세는 80세 때부터 부르심을 받았는데, 저는 아직 멀었지요."

이 목사가 서 있는 곳은 화려한 조명이 비춰는 헤어쇼 무대가 아니라, 산골 작은 교회 십자가 아래이다.

참살이힐링마을

참살이힐링마을은 안성시 보개면 신장리에 자리 잡은 친환경적 교회 공동체이다. 마을을 일구는데 앞장선 이호영 목사는 이렇게 말한다.

"참살이 마을은 그 말 그대로, 자연 속에서 힐링하는 곳입니다. 가난하고, 힘들고, 아픈 사람들 누구나 이곳에 와서 치유될 수 있습니다."

그가 이곳에 처음 왔을 때, 이곳은 온통 산이었다. 산에서 무엇을 할지 퍼뜩 떠오르지 않았다. 그런데 땅속에 아주 좋은 물이 흐른다는 말을 들었다. 좋은 물이라는 말을 듣는 순간 예수님의 보혈과 생수, 그리고 예수님의 치유를 떠올렸다. 땅은 마음에 드는데 돈이 없었다. 그래서 하나님께 어떻게 할지 물었다. 이때 하나님께서 고린도전서 3장 6절 말씀을 주셨다.

"나는 심었고 아볼로는 물을 주었으되 오직 하나님께서 자라나게 하셨나니."

땅을 계약하고 난 후 기적이 일어났다. 한 달 사이에 필요한 돈이 다 들어왔다. 그리고 하나님은 120년 동안 방주를 지었던 노아를 떠올리게 하셨다. 그래서 세상 사람들이 아무리 바보라고 놀리고 조롱하더라도, 노아처럼 묵묵히 성전을 지어야겠다고 생각했다. 그리고 허가를 받은 후 산의 나무를 베어 집을 짓기 시작했다.

"나무를 베면서 하나님께 말씀드렸어요. 하나님, 제가 벤 만큼 다시 심을게요."

그는 120가지의 산야초를 심었다. 그의 표현대로 "젓가락만 한" 묘목들이 자라나 꽃을 피우고 열매를 맺었다. 이것들을 통해 많은 사람을 섬길 초석이 마련되었다. 처음엔 섬김의 집으로 시작되었는데 향후 '참살이힐링마을'이 되었다. 참살이힐링마을 황토방, 편백나무 방, 게스트하우스, 식당, 미용실 등을 두루 갖추고 있다. 큰 손에 의해 하루아침에 만들어진 마을이 아니다. 굴착기 하나 빌릴 돈이 없는 가운데, 현대판 노아처럼 이 목사와 형제들이 오랜 세월에 걸쳐 직접 손으로 만든 곳이다.

"단 한 사람이라도 이곳에 와서 치유를 받을 수 있다면 그것이 제일 감사하지요. 하나님이 주신 그 모습을 찾는 것이 참된 힐링이 아닐까요?"

"참살이힐링마을은 사회적 약자를 위한 일자리 창출과 지역 공헌을 위해 만들어진 '육체적, 정신적 쉼터'로서 안성시의 건강한 먹거리와 아름다운 삶을 위한 뷰티체험 프로그램, 몸과 마음의 휴식처를 제공하는 새로운 농촌 관광 마을 사회적 기업 모델을 만들어가고 있다."(참살이힐링 마을 홈페이지 소개 글)

17

우리 시대 사랑 넘치는 현숙한 여인

-안산의 '통 큰 기부자' 진정주 약사-

가난한 가정의 4남 1녀로 태어나 20살에 아버지를 여의다

잠언 31장의 현숙한 여인이 이 시대에도 있다면 어떠한 모습일까. 이런 삶은 아닐까 싶은 사람이 있다. 바로 진정주 약사이다. 약국을 운영하는 약사, 개척 교회의 사모, 세 아이의 엄마, 책을 출간한 작가, 인기 유튜버, 인터넷쇼핑몰 대표, 억대 기부자 등. 그를 부르는 또 다른 이름들이다. 맡겨진 일들을 감사함으로 감당하며, 자신이 받은 관심과 사랑을 사회와 교회와 학교에 돌려주길 원한다는 진 약사의 삶을 들여다보자.

진정주 약사는 가난한 가정에서 4남 1녀 중 둘째로 태어났다. 그리고 20살이 되는 해에 아버지를 여의었다. 가난과 함께 살던 그녀는 가난을 벗어나고자 돈을 잘 번다고 알려진 치과대학에 진학하려 했다. 하지만 그 길은 막히게 되어 서울대학교 농과대학에 입학하였고, 이후 길을 바꾸어 중앙대학교 약학대학에 들어갔다. 대학 생활은 녹록지가 않았다. 집에서 학비 지원을 받을 수가 없었기 때문이다.

그녀는 아르바이트를 하면서 등록금을 벌었고 그렇게 학교를 졸업할 수 있었다. 그런 시간을 보냈던 터라 후배들에 대한 긍휼한 마음을 갖게 된 진 약사. 등록금이 필요하고 장학금이 절실한 학생들을 보면 자신의 대학 생활이 생각났을 것이다. 매 학기 등록금 납입일이 될 때마다 마음을 졸이며 학비를 마련했을 그때. 도와주는 이 없이 홀로 돈을 벌면서 대학을 다녔었기에 그러한 생활이 쉽지 않음을 경험으로 아는 것이다.

그래서 그녀는 후배들의 고생을 조금이라도 덜어주고 싶어 자신이 가진 것을 나누게 된다. 후배들은 자신처럼 고생하지 않았으면 하는, 조금이라도 편히 학교 다니며 마음껏 공부할 수 있었으면 하는 선배의 마음. 어려운 상황일지라도 꿈을 포기하지 않았으면 하는 이 시대 청년들을 향한 장년 세대의 애틋한 마음이 있다.

약사로, 사모로, 세 아이의 엄마로 산다는 것

진 약사가 중앙대 약대를 졸업한 후 처음으로 약국을 시작한 곳은 인천이었다. 이후 광명에서도 있었고 1999년이 되는 해에야 안산으로 와서 새롭게 작은 약국을 열었다. 안산에 와서 약국의 규모도 커졌지만 힘들지 않은 것은 아니었다. 그녀는 약사인 동시에 개척 교회의 사모이며 세 아이의 어머니이기도 했기 때문이다. 목사인 남편과 함께 사례비 없이 사모로서 교회를 섬겨야 했고, 세 아이를 잘 키워내야 했다. 약국을 운영하면서 이 모든 일들을 해내야 했다.

마치 잠언 31장에 나오는 현숙한 여인의 삶을 보는 것 같다. 이 현숙한 여인은 밤이 새기 전에 일어나서 부지런히 일을 하기 시작한다. 그리고 "자기의 장사가 잘 되는 줄을 깨닫고 밤에 등불을 끄지 아니하며"(잠 31:3) 자신의 일에 열심이다. 하지만 단순히 일만 열심히 하는 여인은 아니었다. 자기 집안 사람들을 잘 챙겼고, 곤고하고 궁핍한 자에게 손을 내미는 여인이었다. 어려운 이웃들도 도울 줄 아는 너무나 복된 여인이었던 것이다. 또 한 명의 복된 여인이 이 시대에도 살고 있다. 자신의 일에 열심이며, 가족들을 잘 챙기고, 어려운 이웃들을 돕는 현숙한 여인. 바로 진 약사이다. 깨어진 가정이 많은 이 시대에 그녀의 삶과 가정은 세상에 소망을 준다.

새롭게 열린 길, 작가와 유튜버

진 약사는 사모로서의 삶도 충실히 살아야 했다. 하지만 사례비도 받을 수 없었던 개척 교회에서 계속 사역을 이어나가는 것은 쉽지 않았다. 예배당도 제대로 갖추지 못한 채 계속 복음을 전하며 이웃을 돕는 데 한계가 있었다. 그런데 때마침 새로운 길이 열리기 시작했다. 진 약사가 그동안 약사로 일하며 환자를 상담했던 경험을 가지고 책을 만들었는데, 그 책이 바로 『내 몸이 웃는다』이다. 2018년 1월의 일이었다.

바로 다음 해의 3월, 건강안내서의 성격을 가진 이 책을 소개하는 유튜브 채널 '진약사톡'을 만들었다. 많은 환자들과 상담하면서 환자들에게 맞는 약을 찾기 위해 노력한 끝에 사례별 처방법을 터득한 진 약사. 그 모든 경험들과 자신이 가진 지식들을 총동원하여 사람들에게 유익한 건강 정보를 제공하기 시작했다. 그러자 진 약사가 제공하는 건강 정보와 처방이 효과가 있다는 소문이 전국적으로 퍼져갔다. 유튜브 영상을 본 환자들이 약국도 찾아오면서 약국의 이름과 위치도 알려졌고, 이는 유튜브 채널과 약국이 함께 성장하는 시너지 효과를 일으켰다.

'진약사톡'은 이제 구독자 수가 17만이 넘게 성장하여 20만에 가까워지고 있다. 진 약사는 이제 유명 약사 유튜버가 된 것이다. 그뿐만 아니라 그는 '진약사몰'이라는 인터넷 쇼핑몰도 운영하고 있다. 자신의 이름을 걸고 직접 만든 생약 성분의 약들은 폭발적인 판매량을 보여주고 있다. 진정주 약국, 진약사톡, 진약사몰의 대표로서 '진정주'라는 이름이 세상에 알려지게 된 것이다.

몸의 건강을 넘어 마음의 건강까지 관심을 갖다

그녀는 사실 처음부터 약사가 되고 싶었던 것은 아니다. 서울대 치대에 진학을 원했지만 이루어지지 못해 농과대학에 입학했고, 이후 중앙대학교 약학대학에 다시 입학하게 되었다. 첫 약국을 오픈한 후, 여전히 무언가 아쉬움이 남았던 진 약사. 나이 마흔에 무엇을 할 수 있을까 생각하다가 사법 고시를 보기로 마음먹었다. 당시 약국 일도 많았고, 아이도 셋이나 있던 때였지만 독하게 마음을 먹고 약국에서 틈틈이 공부를 했다고 한다. 마침내 1차 시험에 합격했다.

하지만 일과 육아와 공부의 병행으로 인해 몸에 많이 무리가 되었던 걸까. 건강은 적신호를 보내고 있었다. 음식도 잘 먹지 못하고, 구토가 계속 되었다. 병원에 가도 뚜렷한 병명을 알 수가 없었다. 급격히 나빠진 건강 때문에 사법 고시 공부는 그만둘 수밖에 없었다. 최선을 다했던 공부였기에 후회는 없었다.

이때부터 그녀는 몸의 건강뿐만 아니라 마음의 건강에도 관심을 갖기 시작했다. 사법 고시 1차 합격 후 건강상의 이유로 공부를 포기하고 재활까지 해야 했던 경험은 지금의 진 약사를 있게 했다. 환자들을 대하는 마음의 폭이 넓어졌으며, 심리학 관련 서적을 많이 읽게 되었다. SNS에 마음에 대한 글을 자주 써서 올리고, 독서 모임을 만들기도 했다.

남편(순복음안디옥교회 박찬선 목사)은 이미 2권의 책을 낸 경험이 있었기에 약에 대한 책을 써보라고 권유하였고, 그녀는 바쁜 생활 속에서도 주말과 연휴를 활용하여 틈틈이 원고를 쓰고 다듬었다. 그렇게 1년 동안 준비한 책 『아파도 괜찮아』를 세상에 내놓게 되었다. 이 책에는 약국 이용법과 잘못된 건강 상식, 가족 간의 식사가 중요한 이유까지 담겨 있다. 약국을 찾는 환자들, 후배 약사들, 아이를 키우는 엄마들에게 이 책이 도움이 되길 바란다는 진 약사. 저술 활동을 통해서도 사람들을 돕고 위로를 전해주는 그녀의 삶이 아름다운 이유이다.

가난했던 어린 시절 소원은 '기부'

진 약사는 매출이 수십 배로 늘면서 자신이 감당할 수 없는 큰돈이 들어오자 기부를 하고 싶었다고 한다. 가난했던 어린 시절, 돈이 많아지면 꼭 하고 싶었던 것이 '기부'였기 때문이다. 약국을 사회적 기업이라고 생각하는 그녀는 책과 유튜브 채널로 인해 얻게 된 수익을 사회에 돌려주는 게 마땅하다고 여긴다. 마치 연예인들이 팬들에게 받은 사랑을 돌려주는 것처럼, 자신 역시 사람들에게 받은 과분한 사랑을 돌려주고 싶어 한다.

그녀는 신종 코로나바이러스 감염증(코로나19) 발생 초기인 2020년 4월 감염병 사태로 어려움을 겪는 어려운 이웃을 위해 안산시에 성금 5,000만 원을 전달했다. 3개월 전인 2020년 1월에는 불우이웃돕기 캠페인을 통해 이미 5,000만 원을 기부했던 터였다. 그 후 2021년 4월에는 안산시에 저소득층 장학금 5,000만 원을 전달했다. 코로나19 사태 이후 1억 5,000만 원을 기부한 것이다. 이 외에도 코로나19로 인해 어려움을 맞게 된 지역 교회들을 수십~수백만 원씩 도왔던 진 약사는 안산시의 '통 큰 기부자'라는 별칭을 얻게 되었다.

그녀는 지역 사회와 교회뿐만 아니라 모교에도 기부를 아끼지 않았다. 2019년부터 2021년 동안 중앙대 약학대학에 발전 기금과 후배 장학금 등으로 총 3억 9천만 원을 기부했다. 2021년 말에는 중앙대광명병원 건립을 위한 기금으로 중앙대의료원에 6억 원 기부를 약정했다. 2022년 3월, 중앙대광명병원이 개원하면서 약정했던 6억 원의 건립 기금은 모두 전달되었다. 진 약사는 앞으로도 기부는 계속 할 것이며, 나눔의 삶을 꾸준히 살아갈 것이라고 말한다.

이제는 기도의 부흥을 꿈꾼다

진 약사는 목사 사모로서의 역할도 게을리 하지 않기 위해 노력하며 살아왔다. 약국 점심 시간을 이용해 기도하는 삶을 놓지 않으려 했고, 직원을 고용하고 심방을 다니기도 하였다. 앞으로는 기도 학교를 통한 기도의 부흥을 소망한다며 기도 생활의 중요성을 강조하였다. 몸 건강, 마음 건강, 영적 건강 모두의 중요성을 아는 진 약사. 영육의 강건함에 관심을 갖는 그녀의 앞으로의 행보가 더욱 기대된다. "너희가 먹을 것을 주라"(마 14:16)는 예수님의 말씀에 순종하며 자신이 가진 것을 다른 이에게 나누는 삶이 바로 이런 모습일까. 진 약사를 통해 몸이 아픈 이들이 고침 받고, 마음이 병든 이들이 치유 받기를 꿈꾸어 본다.

18

카지노 노숙자 쉼터, 고장 난 승합차

- '도박을 걱정하는 성직자들의 모임' 방은근 목사(고한 남부교회) -

오늘은 꼭 따게 해주세요

2022년 기준 카지노 장기 체류자들은 3,000명에 달한다. 그들 가운데엔 그리스도인들도 상당수이다. 심지어 매일같이 오전 예배에 참석하여 오늘은 따게 해달라고 기도하고 카지노로 향하는 교회 집사도 있다. 도대체 도박이 무엇이기에 이렇게 사람들의 몸과 영혼을 올무에 빠지게 할까?

도박은 노름, 돈내기로 불린다. 특히 노름의 어원은 "놀음"이다. 대개 직업에 '사'자가 붙으면 전문가를 의미한다. 아이러니하게도 도박사에도 '사'자가 붙는다. 그러니까 도박사란 도박장을 운영하거나, 직업이 도박인 사람을 뜻한다. 도박의 가장 큰 매력은 일확천금의 꿈이다. 도박하려면 현금이나 금품, 가치가 인정되는 것을 걸어야 한다. 자기가 건 것보다 조금이라도 많이 손에 넣는다면, 짜릿함을 느끼기 마련이다. 그리고 "한 번만 더"의 덫에 걸려버린다. 본전만 찾아도 다행이지만 본전까지 몽땅 잃어버린다면 본전을 찾겠다는 마음으로 다시 도전한다.

강원도 정선군 사북읍 사북리, 태백 산지 탄전 개발과 함께 한때 급속한 성장세를 보인 지역이다. 그러나 폐광이 늘어나면서 이 지역도 함께 죽어갔다. 그러자 폐광 지역 개발 지원에 관한 특별법이 제정되었고, 1998년 6월 29일에 설립된 복합 리조트 시설인 강원랜드가 설립되었다. 설립 목적은 폐광 지역 주민의 소득 증대를 도모하는 것이다. 그러나 지금은 어떠한가? 지역 주민과 인근 영세 상인들은 90년대 초반 폐광 때보다 더 힘들어졌다고 말한다.

2000년, 강원랜드 안에 스몰카지노가 개장했다. 각종 매체는 개장 소식을 알리느라 난리가 났다. 새로운 국민 여가 활동만 부각했을 뿐이다. 향후 어떠한 폐해가 있으리라는 것을 전혀 몰랐기 때문일까? 아니면 알면서도 특정 그룹의 이익을 위해 쉬쉬했을까?

여하튼 그 이후 카지노는 각종 사회 문제, 특히 도박 중독의 온상이 되었다. 더 나아가 사람들의 목숨을 앗아가고, 삶을 붕괴시켰다. 사실 카지노 개장 후 몇 년 안 되었을 때 붕괴 위기가 있었다. 강원랜드 골

프장 공사와 관련한 물리적 붕괴이다. 사람들은 불안감에 휩싸였다. 그런데 지금은 도박 중독으로 인한 삶의 붕괴, 가정 붕괴가 잇따르고 있다. 이와 함께 카지노 장기 체류자, 카지노 노숙자라는 말이 생겨났다. 카지노 장기 체류자, 카지노 노숙자, 앵벌이 모두가 같은 사람들이라고 방 목사는 말한다.

'도박을 걱정하는 성직자들의 모임'

2001년 카지노 인근 야산에서 한 사람이 목을 매 숨지는 사건이 발생했다. 카지노 개장 이후 도박 문제로 인한 첫 번째 자살 사건이었다. 그 후 자살 사건은 해마다 꾸준히 늘어나 2005년에는 5건을 기록했다. 같은 해 11월 말, 개신교와 천주교 성직자 16명은 고한 천주교회에 모였다. 그들은 당시 이렇게 선포했다.

"도박 중독의 폐해가 사라지도록 힘을 모으고 노력해야 하는 것이 성직자의 무거운 책임이다."

이들은 '도박을 걱정하는 성직자들의 모임'을 만들었다. 그리고 2006년, 강원랜드 카지노 입구에 카지노 체류자, 일명 카지노 노숙자들을 위한 쉼터를 만들었다. 쉼터는 고장 난 25인용 버스였고, 운영자는 모임 공동 대표인 방은근 목사가 맡았다. 버스 안에는 항상 라면, 삶은 달걀, 커피, 생수, 빵, 기독 서적 등을 비치했다. 목마르고 주린 자들이 자유롭게 먹고 마실 수 있도록 본인은 될 수 있는 한 다른 곳에 있었다. 상담을 요청하는 사람이 있을 때만 차 안으로 들어갔다.

한편 정부는 2013년에 이르러서야 한국 도박 문제 예방치유원이라는 공공 기관을 설립했다. 도박 중독 및 예방・치유・재활 등을 위한 사업과 활동을 전개하기 위해서이다. 또 국회는 2022년 카지노를 과다 출입하는 고위험 고객군이 발생하지 않도록 카지노 이용자의 출입 일수를 연간 100일 미만으로 줄일 것을 강원랜드에 요구했다. 과연 제도만으로 이들을 돌이키고, 망가진 삶을 치유할 수 있을까?

쉼터 지기 방 목사를 향한 강원랜드 측의 시선은 좋지 않았다. 그들은 여러 차례에 걸쳐 그에게 행패를 부렸다. 사채업자들까지 가세하여 협박 전화를 퍼부었다. 그러나 그는 이러한 위협에 굴할 수가 없었다. 카지노로 인해 삶이 붕괴하고 생명을 잃는 사람들을 도저히 외면할 수 없었기 때문이다. 눈앞에서 자살을 시도하는 사람들을 본 것이 한두 번이 아니었다. 그는 이렇게 말한다.

"카지노 개장 후 도박 피해자의 자살 소식과 구급차의 사이렌 소리가 끊이지 않습니다."

다만 강원랜드 측의 강력한 요구로 승합차의 위치를 사북역 앞으로 옮겼을 뿐, 방 목사와 소형 버스는 카지노 노숙자 곁을 지켰다. 그동안 이 버스 쉼터를 다녀간 사람들은 얼마나 될까? 그 자신도 헤아리지 못한다. 카지노 노숙자들은 컵라면을 선호한다. 조리가 쉽고 들고 나갈 수 있기 때문이다. 컵라면 소비량으로 미루어 볼 때, 하루 평균 20-30

명이 다녀갔다고 추정할 뿐이다. 지금은 그 수가 늘어 하루 평균 30-40명이 쉼터를 이용한다.

그가 상담을 하다 보면 집으로 가고 싶지만, 차비가 없어서 못 간다는 말을 자주 듣는다. 그 말을 들을 때마다 거절하기 힘들어 차비를 건네주었다. 그런데 문제가 발생했다. 현금을 받자마자 그것으로 다시 도박을 했다. 그래서 몇 년 전부터 현금을 주지 않고 차표를 직접 사서 주기 시작했다. 초기에는 병원비를 지원하기도 했다. 그러나 경제적으로 부담이 커서 6-7년 전부터 지원을 중단했다.

쉼터 운영을 위해 한 달 70만-200만 원이 필요하다. 특히 난방이 필요한 겨울철에는 200만 원을 넘어선다. 몇몇 교회의 후원금과 사재로 운영비를 충당한다.

카지노 장기 체류자, 카지노 노숙자, 앵벌이

모든 중독은 질병으로 분류된다. 도박 중독 역시 마찬가지이다. "도박 중독 200만 명 위험" 2015년 모 언론사 머리기사다. 그 후 7년이 지난 지금은 얼마나 늘었을까? 노숙자 5명 중 1명은 10억 원 이상을 잃은 사람들이다. 이로 인해 그곳을 떠나지 못한 채 맴돌고 있다. 한국도박문제관리센터는 2021년 6월 이들 가운데 300명을 대상으로 설문 조사를 했다. 그 결과 우울증 장애를 겪는 사람이 4분의 1, 자살을 생각한 사람은 반이 넘었다.

'우한 폐렴'이라고 명명하던 때, 아직 비대면 조치가 시작되기 훨씬 전 방 목사는 일회용 마스크를 나눠주어 눈길을 끌었다. 카지노에는 창문도 없이 밀폐된 공간이라 감염 확률이 높을 것이라고 그는 생각했다. 그래서 강원랜드 측에 고객들을 위한 마스크 지급을 요청했다. 그러나 거절했다. 결국 어느 독지가가 마스크 2,000개를 후원했다. 지원받은 마스크 2,000개를 카지노를 찾는 고객들에게 나눠주고 남은 마스크는 인근에 사는 진폐 환자와 홀몸 노인에게 지급했다. 그의 우려가 현실화되면서 코로나19로 인한 비대면 시대로 접어들었다.

비로소 카지노를 찾는 이들의 발길이 뚝 끊어졌다. 코로나19로 인해 강원랜드 문이 닫혔기 때문이다. 이 기간에 어떤 일이 벌어졌을까? 현지인은 20%밖에 되지 않고, 80%가 외부로부터 온 타지인이다 보니 늘 북적이던 사북 읍내는 썰렁해졌다. 그리고 도박을 못 하게 되자 금단증세를 보이는 사람들이 생겨났다. 수입원이 없어지자 생활고로 굶어 죽는 사람이 생겨났다. 자살하는 사람이 늘어났다. 심지어 해외로 원정 도박을 하는 사람들이 생겨났다.

도박하면 죽습니다

카지노 개장 시간은 오전 10시다. 방 목사는 '엄마 아빠 도박하지 마세요!'라는 띠를 두르고 외친다.

"도박하면 죽습니다."

그러나 그의 목소리는 허공만 울릴 뿐이다. 10년이 넘게 애를 썼지만 실제로 그의 설득으로 집으로 돌아간 사람들은 몇몇 안 된다. 그가 카지노 영업장에 들어서면 다가와 악수를 하는 사람들이 있다. 재산을 이미 다 탕진하고도 여전히 주변을 맴도는 장기 체류자들이다. 이들은 주로 찜질방에 묵고 있다. 그는 찜질방으로 가서 이들을 만난다. 이른바 찜질방 심방인 셈이다.

그가 사역하는 고한 남부교회는 미자립 교회이다. 그의 아내 유운옥 목사는 '카지노 노숙인 선교회' 대표를 맡고 있다. 방 목사의 고향은 태백이지만 주로 부산에서 자랐다. 1996년부터 목회를 시작하면서 고향으로 돌아왔다. 그의 아버지, 할아버지 모두 석탄 광부(광원)였는데, 모두 진폐증으로 사망했다. 그 역시 6개월 정도 광원으로 일한 적이 있다. 이후 그가 일하던 곳이 매몰되는 사고가 발생했다. 그 자리에 계속 있었더라면 지금 우리 곁에 있지 못했을 것이다.

방 목사는 강원랜드는 도박 중독자를 양산하는 공장이나 마찬가지라고 말한다. 또 도박 중독엔 치료보다는 예방이 중요하다고 말한다. 모든 중독이 마찬가지겠지만 일단 빠지고 나면 혼자 힘으로는 도저히 빠져나올 수 없기 때문이다. 도박의 위험성에 대해 한국 교회가 목소리를 내야 한다고 말한다. 정부 또한 장기 체류자가 더는 늘어나지 않도록 법규를 개선해야 한다고 말한다. 그의 바람이 더디지만 조금씩 현실화 되고 있다.

한 예로 감사원은 2022년 8월 4일 강원랜드에 대해 출입 제한 제도 등 도박 중독 예방 대책의 실효성이 미흡하다고 지적했다. 아울러 강원랜드 사장에게는 도박 중독의 폐해가 심각한 고위험 고객군(연간 100일 이상 카지노 출입자)이 발생하지 않도록 실효성 있는 출입 제한 제도 개선 방안을 마련하라고 통보했다.

이러한 통보가 어느 정도의 실효를 거둘지는 확실치 않다. 그러나 분명한 것은 방 목사 부부는 어떠한 어려움이 있더라도 이곳에서 카지노 노숙자와 함께하리라고 다짐한다. 오늘 우리가 사는 사회는 각종 중독으로 가정이 파괴되고 수많은 사람들이 죽어간다. 소수지만 이들을 외면할 수 없어 자신의 삶을 바쳐 생명을 살리는 이들이 우리 주위엔 아직도 있다. 그들이 있기에 아직 우리가 사는 세상은 희망이 있지 않은가.

19

이동 목욕 자원봉사 1호

-'이영호(번동 은혜교회 은퇴목사)-

예수님처럼 수건을 허리에 두르고

이영호 목사는 번동 은혜교회 은퇴목사다. 팔순이 넘어 본인이 섬김을 받아야 할 나이지만 몸과 마음으로 열심히 다른 이를 섬기고 있다. 그가 섬기는 이들은 주로 가난하고 소외된 독거노인들이다. 그의 섬김에 대해서는 서울 강북구 지역뿐 아니라 온라인상으로도 널리 알려져 있다. 어르신이 어르신을 섬기는 모습이 뭇사람의 시선을 끌만했기 때문이다.

시대마다 소외 계층, 취약 계층은 늘 존재한다. 이들은 시대상을 반영하기도 한다. 예컨대, 초고령 사회로 진입하고 있는 이 시대엔 독거노인, 고독사, 돌봄, 빈집 등의 키워드가 자주 오르내린다. 그러다 보니 언제부터인가 어르신 목욕 봉사라는 말도 생겨났다. 학생부 성적에 포함되는 중고생 봉사 활동 항목에도 요양 시설 목욕 봉사가 포함되었다.

이 목사에겐 '이동 목욕 자원봉사 1호'라는 별명이 붙어 있다. 어떤 연유에서 이러한 이름표를 붙이게 되었을까? 1998년, 강북구보건소는 이동 목욕 사업을 시작했다. 기초생활보장수급자 가운데 거동이 불편한 독거 어르신, 심신 장애로 혼자 또는 가족들의 도움으로는 목욕을 할 수 없는 분들을 대상을 시작한 사업이다.

이때 그는 자원봉사자 모집공고를 보고 참여하고픈 마음이 들었다. 성도들에게 섬김과 봉사를 늘 이야기하면서 정작 자신은 실천하지 못하고 있다는 생각에서였다. 말로만이 아닌 몸으로 섬김의 본을 보이고 싶었다. 그래서 동료 목회자들과 함께 남자 목욕봉사단을 구성했다. 그 후 20여 년간 줄곧 장애 노인들을 방문하여 목욕 봉사로 섬겼다. 횟수로 따지자면 100회가 넘는다. 처음엔 주 1회로 실시했으나 월 2회, 월 1회가 되었다. 봉사 횟수가 줄어든 가장 큰 이유는 수혜자들이 매년 4-5명꼴로 세상을 떠났기 때문이다. 사망 소식을 접할 때마다 그의 마음은 편치 않다. 누군가를 떠나보낸 후 사람들이 자주 하는 말을 그도 되뇐다.

"좀더 잘해드릴걸."

목욕 봉사는 보건소와 연계해서 진행된다. 목욕 봉사를 위해선 적어도 4명 이상이 필요하다. 보건소 직원, 운전기사, 사회복지사, 자원봉사자, 간호사 등이 포함된 4-5명이 1조가 되어 움직여야 한다. 그러다 보니 인력의 한계 때문에 신청자들 가운데 부득이 수혜자를 가려낼 수밖에 없다.

목욕 봉사에 앞서 욕조 등 목욕에 필요한 물품들을 이동 목욕차에 싣는다. 수혜자의 집에 도착하면 목욕물을 붓는 등 이런저런 준비에 적지 않은 시간이 소요된다. 준비를 마치면 목욕을 시작하는 데 최소한 1시간이 걸린다. 입을 꾹 다물고 수혜자의 몸의 때만 벗겨내는 것이 아니다. 수혜자와 두런두런 이야기를 주고받기도 한다. 그때마다 그는 재미있는 말을 하려고 애쓴다. 그러나 경험상 섣부른 농담은 오히려 수혜자의 자존심에 상처를 입힐 수 있다고 한다.

이렇게 두세 가정 목욕 봉사를 마치고 나면 온몸이 피곤하지만, 다음 만남을 기대한다. 그리고 은퇴 후에도 목욕 봉사를 계속하고 싶다고 한다. 목사는 목욕 봉사만으로 그치지 않는다. 수혜자 가족들의 정서적 안정에도 도움을 주고 있다. 그들이 겪고 있는 말 못 할 사연을 경청하고, 그들과 함께 고통을 나눈다. 그리고 따뜻한 위로의 말로 힘을 북돋아 준다.

삶과 죽음의 경계가 가장 뚜렷한 시점에서

2002년부터 그는 호스피스(임종봉사자) 활동을 해왔다. 이보다 앞선

1994년도에 그는 이미 호스피스 교육을 받았다. 말기 암 환자를 비롯하여 죽음이 가까운 환자를 위로하고 심리적으로나 신앙적으로 도움을 주어 평온한 죽음을 맞이하도록 돕고 싶었기 때문이다. 특수임종병원 활동은 환자뿐만 아니라 가족들에게도 정서적으로 도움을 줄 수 있다.

죽음을 앞두신 어르신들은 갈 때마다 빨리 죽고 싶다고 말한다. 그러나 살고 죽는 것은 인간이 좌지우지할 일이 아니다. 이 사실을 잘 알고 있는 그는 우리가 할 수 없는 일을 놓고 고민하거나 불평한다고 해서 바뀌는 일이 아니라고 말한다. 이 세상에 생명보다 소중한 것이 무엇이 있겠는가? 그는 환자가 생명의 소중함을 깨닫게 하려고 무진장 애를 쓴다. 살아있는 동안 아름답게 살아야 하지 않느냐고 설득한다. 그리고 고통을 느낀다는 것은 곧 살아있다는 것이니, 그 생명을 느껴보라며 환자의 마음이 조금이라도 긍정적으로 변하도록 돕는다. 그래야만 편안하게 세상을 떠날 수 있기 때문이다.

2005년부터 그는 재가 호스피스 봉사를 시작했다. 목욕 봉사를 하면서 죽음을 앞두고 고독과 고통에 빠진 어르신들을 많이 대했기 때문이다. 호스피스 환자의 집을 방문하는 날이면, 옷차림에서부터 세심한 주의를 기울인다. 그리고 절대 빈손으로 가지 않는다. 최소한 빵과 음료수라도 들고 간다. 그를 보고 반가워하는 환자의 두 눈을 살피며 조심스레 이야기를 시작한다. 그러나 모두가 이 목사를 반기는 것은 아니다. 방문 자체를 거부하는 사람도 있다. 그렇지만 그는 서두르지 않고 그들의 마음 밭이 부드러워지기까지 오래 기다린다. 그리고 진심으로 그들을 대하면 언젠가는 그 마음이 전달된다고 한다.

한 예로 그가 만난 환자 가운데 대장암으로 4년간 투병하신 어르신이 있었다. 다리까지 잃어 의족을 착용하게 되었다. 그러한 자신의 모습에 절망했고, 마음 문을 닫고 단단히 빗장을 질렀다. 삶에 대한 의욕은 이미 잃었고, 모든 것에 과민하게 반응했다. 그가 처음 방문하던 날, 어르신은 아예 등을 돌리고 앉았다. 그러나 포기하지 않고 일주일 후 다시 찾아갔다. 이번에는 그의 두 손을 꽉 잡고 이야기를 시작했다. 마침내 입을 열었다. 그리고 6개월간 불평불만으로 일관한 그의 이야기를 경청했다.

그런데 놀랍게도 2년 후 그는 그에게 세례를 받았다. 세례를 받기 전 그는 이 목사에게 묘한 말을 했다. 자기는 예수를 믿지 않는다. 믿음이 뭔지도 모른다. 그러나 목사님이 하라고 하시니 따른다는 말이었다. 그가 얼마나 기뻐했을지 충분히 상상할 수 있을 것이다. 이 일을 통해 그는 봉사자와 환자 간에 진정과 신뢰가 얼마나 중요한지 다시금 확인할 수 있었다. 그 후 어르신의 말이나 생각이 많이 변했다. 부정적이고 공격적이던 분이 밝고 긍정적으로 변했다. 심지어 이 목사가 오는 날이 아닐 때는 전동차를 타고 보건소까지 찾아왔다. 그의 선행은 많은 이들을 감동시켰다. 모범 자원봉사자로 2004년, 구청장 표창을, 2005년엔 서울시장 표창을 받았다.

한결같이

그는 2009년부터 무료 영정사진 봉사를 시작했다. 그때부터 찍은 무료 영정사진 촬영은 600건이 훌쩍 넘는다. 무료 영정사진 봉사는 전문 사진관의 후원과 도움을 받았기에 가능했다. (중랑구 월드 포터 사진관 김미애 대표의 적극적인 후원이 있었다.)

2011년, 성북구 보건소는 '자살 예방캠페인'을 펼치기 시작했다. 성북구 보건소 단골 자원봉사자인 이 목사가 이에 무관심 할 리 없다. 아니나 다를까 그는 자살 예방 활동을 시작했다. 가족이 없는 80대 어르신 댁을 한 달에 한 번씩 방문했다. 부드러운 간식거리를 챙겨가 말동무가 되어주었다. 그 가운데 우울증이 심해 두 번이나 자살 기도를 한 분도 있다. 그러나 그의 지극정성으로 상태가 많이 호전되었다.

또한 그는 먹거리로 이웃을 섬겼다. 저소득 가정에 반찬을 제공했고, 명절마다 작은 선물을 나누었다. 자녀, 지인들로부터 받은 용돈과 후원금으로 이 모든 비용을 충당했다.

그는 성북구 보건소와 연계된 자원봉사 활동을 많이 해온 터라 보건소 신우회 예배 지도 목사로 또 다른 봉사를 이어갔다. 이처럼 그의 봉사 종류는 다양하다. 무엇으로 섬길까 고민할 필요가 없다. 내 이웃만 찬찬히 들여다보아도 도움과 섬김이 필요한 사람들이 많다고 한다. 그러나 그 가운데 가장 어려웠던 것은 호스피스 활동이었고 말한다.

그의 봉사 활동은 대학생 시절로 거슬러 올라간다. 20대부터 시작된 섬김과 봉사 정신은 80대가 되어서도 여전하다. 무려 60년을 자원봉사자로 살아온 그가 말하는 봉사의 요체는 무엇일까? 그것은 다름

아닌 꾸준함이라고 답한다. 경조사를 제외하고 일상 속에서 봉사 활동을 최우선 순위에 놓았다고 말한다.

세대 간 불통이라고요? 천만에

2015년, 이 목사는 10명의 은퇴목사와 함께 '기독교대한감리회 원로목사 장병 상담위원회'를 만들었다. 이들의 평균 연령은 70대 후반이다. 목회 일선에서는 이미 물러났다. 그러나 지혜로운 노인이 미숙한 젊은이를 도울 새로운 봉사의 장을 찾았다.

초기엔 성도들의 신앙 상담을 주로 했다. 그런데 2015년 5월 모 군부대와 연을 맺게 된 이후(성경과 찬송을 군부대에 후원함.) 장병들을 상담하게 되었다. 세대 차이가 심한데 과연 젊은 장병들과의 소통이 잘 될까 하는 걱정이 있었다. 실제로 장병들은 선뜻 마음 문을 열지 않았고 입도 잘 열지 않았다. 그러나 시간이 지날수록 그들의 입이 열리기 시작했다. 그리고 그들 안에 쟁여진 묵은 고민의 실타래가 한 올 한 올 풀려나왔다.

현재 이 목사는 팔순이다. 이제 그간의 행보를 마치고 쉼을 즐기고 있을까? 천만에 말씀이다. 건강이 허락하는 한 그의 봉사 활동의 행보는 지속될 것이다.

20

사랑손의 이발 봉사

-삼성전자 사랑손동호회 김진묵-

20년간 4,600명 이발 봉사의 시작

"할아버지들을 보면 꼭 저희 부모님 같다는 생각에 부모님께 이발해 드리는 마음으로 머리카락을 깎아드리고 있습니다. 좋아하시는 어르신들을 보면 하루의 피로가 풀리죠."라고 이야기하는 '가위손 엔지니어'인 삼성전자 사랑손동호회 김진묵 씨는 그의 이발 봉사 시작에 대해 이렇게 이야기하였다.

"삼성전자 입사 후 1996년에 통신병으로 군 복무를 시작했고, 군 복무 당시 받은 주요 임무 중 하나가 동기들의 머리를 깎는 임무였습니다. 얼떨결에 이발기로 동기들의 머리를 깎아줬는데 계급이 올라가면서 경험이 쌓이고 실력도 늘게 되자 동기들은 휴가 나가기 전에 늘 저를 찾아왔죠. 이렇게 해서 '반강제'로 갈고닦은 이발 기술을 익히게 되었습니다. 그것이 오늘의 이발 봉사 활동으로 이어지고 있습니다."

삼성전자 경기도 기흥사업장에서 근무하는 디바이스솔루션(DS) 부문 파운드리사업부 김진묵 씨의 이발 봉사 인생은 이렇게 시작됐다. 군대에 갔던 그는 전역 후 업무에 복귀했고, 이발 기술을 '자발적으로' 발휘하기 위해 전역 직후인 1999년 사내 봉사 단체인 '사랑손동호회'를 만들었다.

이에 대해 그는 "삼성전자 사회공헌부서 부장께서 군대에서 이발해 본 경험자를 공고한 적이 있어 지원했고 이를 계기로 사랑손 동호회가 결성됐지요. 저는 처음 창단 멤버이면서 전체적인 운영진으로 주도적으로 봉사팀을 이끌고 활성화를 위해 노력했습니다. 봉사 활동도 단순히 노력 봉사만이 아닌 뭔가 전문적인 봉사 활동을 해보자는 의견 개진이 있었고 그 결과 이·미용만 전문적으로 하는 봉사팀을 만들게 됐습니다."라고 하였다.

국내외 이발 봉사

김 씨를 비롯한 동호 회원들은 매주 둘째, 셋째 주에는 경기도 용인 아리실복지원을, 넷째 주에는 세광정신요양원을 각각 찾는다. 특히

'가위손 엔지니어'라는 별명을 가진 김 씨는 평일 저녁 퇴근한 뒤에도 복지원·요양원 등을 찾아 할아버지들의 머리카락을 깎아왔다. 이렇게 그와 동료들은 집으로 향하는 통근버스 대신 논밭 길 40분을 달려 아리실복지원(경기도 용인시 남사면 소재)에 도착해 봉사하곤 하는데, 곧 복지원에선 이내 이색적인 풍경이 펼쳐진다. 삼성전자 이발 봉사팀이 온다는 소식을 듣고 복지원 할아버지들이 '이발 대기' 중이다. 이곳 복지원과 약속된 시간은 오후 6시. 할아버지들은 이 시간을 기억하며, 삼성전자 기흥사업장 '사랑손 동호회' 회원들을 손꼽아 기다린다.

"하루 일 끝내고 쉬어야 하는데 이 시간에 와서 이렇게 이발해 주니 정말 고맙죠." (이현오 할아버지)

"13년 동안 계속 이발을 받았어요. 무료로 예쁘게 깎을 수 있으니 좋고, 시원해서 좋습니다." (김일성 할아버지)

"자기 부모처럼 성심껏 이발을 해주면서 즐겁게 해드리기도 하니, 할아버지들도 마음에 들어 하시죠. 오랜 기간 이발 봉사를 하다 보니 이용원보다 실력이 더 좋답니다." (이희철 원장)

복지원 이희철 원장은 2002년부터 김진묵 씨를 봐왔다. 이 원장은 "자기 부모처럼 성심껏 이발을 해주고 즐겁게 해드리기까지 하니 할아버지들도 마음에 들어 한다."라며 "다른 봉사팀들도 종종 오지만, 17년간 한 번도 이발 봉사를 거르지 않은 그의 실력은 이용원보다 좋고 더욱 특별하다."라고 전했다. 머리카락은 계속 자라기 때문에, 한 시설과 인연을 맺으면 꾸준히 방문해야 한다는 생각이 긴 봉사 활동의 원동력이 된 것이다.

그런데 이발만 하는 것이 아니라 음식 대접 등 다른 봉사 활동도 함께 한다. 여름이면 삼계탕을 끓이고, 겨울이면 송편을 빚어 어르신들에게 대접한다. 직장생활로 늘 피곤함에 절어있으면서도 묵묵히 봉사 활동하는 남편을 위해 부인도 함께 따라나섰다.

"제가 처음 봉사를 시작하고 아들이 태어났는데 주말마다 봉사를 가다 보니 가족이 함께할 시간이 부족해서 두 마리의 토끼를 모두 잡기 위해 함께하게 됐죠. 자연스럽게 아내는 양로원에서 음식 만드는 일을 도와주고, 저는 이발을 하고 아이들은 할머니 할아버지께 노래 불러주면서 자연스럽게 가족 봉사로 이어졌습니다." 아들은 걸음마도 하기 전에 엄마의 등에 업혀 봉사 활동 현장을 지켜봤다고 한다. 2004년에 귀여운 꼬마로 아빠의 봉사 활동에 동참했던 아들은 어느새 어엿한 성인이 되었다. 이렇게 봉사 활동에 나선 것이 20년이 넘었다. 지난 20년간 4,600여 명의 이발을 도왔다는 '이발 달인' 김 씨는 자신의 머리도 집에서 직접 깎는다. 최근에는 젊은 층에서 유행하는 고난도의 '투 블록 컷'을 시도하기도 했다.

김 씨가 속한 사랑손동호회의 활동은 국내에만 머물지 않았다. 해외 봉사까지 이어졌다. 특히 회사 사내에서 봉사 활동을 많이 하는 사람들에 한하여 해외 봉사의 기회를 제공했기 때문이다. 이를 계기로 방글라데시, 필리핀 등지를 다니며 이발 봉사는 물론, 타고난 손재주 덕분에 집 고쳐주기 및 장판 깔아주기 등의 봉사도 도맡았다. 또 요양원과 같은 봉사 현장에서는 단팥빵 등을 만들어 노인들을 대접했다.

이러한 '이발 봉사의 달인'인 김 씨는 최근 삼성전자 자체 뉴스룸에 사연이 소개되면서 동료 직원들 사이에서 '스타'가 됐다. 회사 관계자는 "사랑손동호회는 매주 화요일마다 미용원 원장을 초청해 봉사자에게 기술을 전수하는 프로그램도 운영하고 있다."라고 하면서 "더 많은 임직원이 그의 뒤를 이어 '사랑손'이 되고 있다."라고 전했다.

엔지니어 이발 봉사 활동에서 사회복지로

그런데, 그의 이러한 삼성전자 사랑손동호회의 엔지니어로서의 이발 봉사 활동은 사회복지학을 전공한 부분에서도 잘 드러나 있는데, 사회복지학과 동료의 글은 그의 봉사 활동이 꾸준히 진행되어 왔음을 잘 보여주고 있다.

한양사이버대학 사회복지학과 출신 김진묵(09학번)은 소탈한 미소만큼이나 따뜻하고 훈훈하며, 가슴 뭉클하고 아름다운 봉사 일기를 써 내려가고 있다. 그는 필리핀 '라구나 지역 라옥마을'로 6일간 해외 봉사도 다녀왔다. 꾸준한 봉사 활동 덕분에 그는 우수사원에 선출되어 동료들과 함께 지구촌사랑나누기 희망나눔글로벌사회봉사에 함께 할 수 있었다. 굴지의 대기업 반도체 회사의 엔지니어에게 '사회복지학'이라는 전공 선택 또한 특별한 이유가 있을 것만 같다. 그가 전하는 따뜻한 손길, 사랑의 실천, 그리고 희망찬 미래를 글로 전해 본다.

　이발사, 김진묵은 99년도에 군 전역을 한 이후, 회사 생활이 순조롭게 시작되었다. 그러던 중에 만들어진 동호회가 있었는데, 군 시절에 이발 경험이 있는 사람들이 손을 모아 봉사 활동하기로 하였다. 그것이 그의 봉사의 초시라고 하겠다. 벌써 23년째, 정신 요양원, 양로원, 그리고 경로당까지 매월 빠짐없이 세 군데를 방문하며 이발을 해오고 있다. 조금은 특이한 사실은, 그는 군 시절 통신병이었다. 그의 관심에다 타고난 손재주까지 더해졌으니, 동기들에게는 없어서는 안 될 훌륭한 이발사가 되었다. 나아가 이발소 사장님으로부터 기술 교육까지 받았으니, 이젠 전문가나 다름이 없다.

　그가 꾸준한 봉사 활동 속에 알게 된 직업이 '사회복지사'다. 같은 환경과 조건 속, 어떤 프로그램을 만들까? 어떻게 운영하면 좋을까? 이런 소소한 고민과 생각의 실천은 시설 안에 있는 사람들에게 큰 영향을 주게 된다. 더 나은 생활을 영위할 수 있을 뿐만 아니라, 나아가 그들의 삶의 질을 결정해 줄 수 있을 만큼 큰 요소가 되기 때문이다. 그가 전하는 마음과 손길에 배움을 보태고자 하였으니, 이제 그가 꿈꾸는 삶을 위한 첫발을 과감히 내딛는 것이 아닌가.

　그는 회사 내에서 모금된 후원금으로 도움의 손길을 전하고 있던 곳, 바로 필리핀 '라구나 지역 라옥마을'을 찾았다. 태풍의 피해로 모든 것이 초토화되면서 새롭게 마을을 형성한 곳인데, 대부분이 흙으로 된 바닥에서 생활하는 그들이 지역 내의 전기를 집까지 끌어다 쓰기에는 여간 어려운 일이 아닐 수가 없었다.

모두가 팔을 걷어붙였다. 전문 기술자들이 아이들의 무료 급식 장소에 풍력 발전기를 설치해 주었고, 새로이 신축한 급식소에는 예쁜 벽화까지 그려 넣었다. 그는 콘크리트 바닥을 만들고 장판을 깔아주는 작업을 담당했다. 발전기 설치 때에는 모든 사람이 줄로 맨 풍력 발전기를 일으켜 세우기도 했다. 일일 학습 교실을 운영하는 날에는 점핑 클레이 액자, 물로켓, 그리고 노트 만들기까지 하였으며, 즉석 사진 촬영까지 이어졌다. 현지 아이들에게 어느 하나 신기하지 않은 것이 없었다고 하니, 그들에게는 또 하나의 추억과 기쁨이 더해졌을지도 모른다.

김진묵은 산과 바다가 가까이 있는 곳에 터전을 마련하겠다고 하며, 꿈에 대한 이야기를 시작했다. 쫓아가기 급급한 현실 속에서 발맞추기보다는, 여유와 행복을 찾고 땀의 소중함을 느끼며 살고 싶다고 이야기를 전했다. 어릴 적 동물을 키우던 실력으로 집에서 동물도 키우고, 주말농장으로 쌓아온 경험을 바탕으로 밭도 일구어 보고 싶다고 했다. 그가 꿈꾸는 미래의 터전은 유유자적한 삶을 사는 것이 아니다. 바로, 젊은이들이 떠나간 마을에서 진정한 일꾼이 되고자 하는 것이다.

그가 배워온 사회복지에 관한 지식을 바탕으로, 그리고 회사에서의 엔지니어 경험을 바탕으로, 그뿐만 아니라 교회에서 관리부를 하며 얻은 관리 노하우를 총동원하여서 노인 분들을 위한 '실버 도움이'가 되고자 한다. 그는 사회복지학과 스터디 모임인 '하늘다래'에서 지역장을 맡고서도 책임감 있게, 성실한 삶을 살기 위한 노력을 하고 있다. 따뜻하고 아름다운 미래를 그리는 사람, 사랑을 나누고 실천할 줄 아는 김진묵에게 힘찬 박수를 보낸다.

은퇴 후 귀촌 계획

현재 하는 이·미용 봉사는 물론 제빵 봉사를 계속할 것이라는 그는 "은퇴한 뒤 노후에 귀촌 계획을 잡고 있다. 손재주가 많은 장점을 살려 농기계 수리나, 전기 등 생활 주변의 잔 고장 문제로 불편을 겪는 노인들을 도와주는 도우미 센터를 운영하고 싶다."라며 자신을 이어 많은 사람이 전문 봉사 활동을 이어가기를 간절히 바란다.

21
한 사람의 어리석음이 일구어낸 기적

-오패산 꽃샘길 조성 김영산-

버려진 쓰레기 산

　미아역 2번 출구로 나오면 강북구와 성북구에 걸쳐 있는 오패산을 만날 수 있다. 약 30년 전만 하더라도 오패산은 사람들이 버린 온갖 쓰레기로 넘쳐났고 악취가 진동했다. 말 그대로 쓰레기 산이었고 주민들의 외면을 받는 곳이었다.

　하지만 이젠 다르다. 쓰레기로 뒤덮였던 산은 '꽃동산'이 되었고 주민들에게 가장 사랑받는 쉼터가 되었다. 특히 600m에 달하는 '꽃샘길'은 계절마다 갖가지 꽃들이 피어 사람들을 기쁘게 해준다. 쓰레기 산이었던 오패산이 이렇게 바뀐 건 '한 사람'의 헌신적인 노력과 수고가 있었기 때문이다. 바로 강북구 번동 주민 김영산 씨다.

병약해진 몸으로 휴지를 줍다가

전라남도 신안군 비금면이 고향이라는 그는 상경해서 살다가 1994년 4월 번동으로 이사 왔다. 당시 투병 중이던 암환자였다. 그저 주변이 너무 지저분해서 조금씩 청소하기 시작했다. 처음에는 병약해진 몸으로 겨우 나와 담배꽁초나 버려진 휴지를 줍는 게 전부였다.

"봄에 이사를 와서 뒷산으로 산책을 나갔는데 연탄재며 쓰레기가 잔뜩 쌓여있는 거예요. 주변이 너무 지저분해서 줍고 치우기 시작했지요."

오패산은 연탄재 외에도 폐가전제품, 음식물 쓰레기, 쓰레기 소각 흔적 등 각종 쓰레기로 가득 차 있었다. 자연을 보호한다는 생각으로 쓰레기를 모았는데 한 트럭이 나왔다. 1995년부터 쓰레기 종량제가 실시되자 쓰레기봉투를 직접 사다가 쓰레기를 치웠다.

"제가 사진작가인데 암실 작업이 너무 많아 스트레스도 풀고 머리도 식히고 풀 겸해서 어느 날은 쓰레기를 치운 자리에 꽃을 심어보았어요. 그런데 신기하게도 주민들이 거기에는 쓰레기를 버리지 않는 거예요. 꽃이 피니까 아이들이 놀면서 사진도 찍고 좋아하더군요. 그래서 그때부터는 아예 아침 5시 30분이면 나와서 쓰레기를 치우고, 퇴근 후에는 꽃밭을 가꾸기 시작했죠."

자연이 준 선물, 건강

아무도 돌보지 않는 산이었고, 아무도 하려고 하지 않는 일이었지만 묵묵히 해나갔다. 돈이 되지도 않는 일을 혼자 한다며 핀잔을 주는 이도 있었다. 개의치 않았다. 자연을 가까이하다 보니 어느새 건강도 회복되었다. 잠시 암이 재발하기도 했지만 결국 완치될 수 있었다.

"암을 고치려 한 건 아니라 그냥 자연과 가까이 하다 보니 건강이 선물로 주어진 것 같아요."

그는 자신이 건강을 되찾게 된 것을 자연이 준 선물로 생각했다. 쓰레기를 치우는 데만 꼬박 7-8년이 걸렸지만 그는 자신의 수고는 뒤로 하고 건강을 되찾은 것만으로도 감사할 따름이다.

축제의 장이 된 '꽃대궐'

원래 그는 사진작가가 직업이지만 평소에는 꽃샘길을 가꾸는 일을 한다고 말한다. 그동안 꽃샘길을 가꾸면서 약 90여 종의 꽃과 나무를 심었다. 그 규모만 하더라도 길이 약 600m, 1만여 평에 달한다. 한마디로 '꽃대궐'을 조성한 셈이다.

혼자서 묵묵히, 그것도 사비를 들여 쓰레기 산을 청소하고 가꾸기 시작하자 그를 도와주는 사람들도 생겨났다.

"제가 꽃길을 가꾸는 걸 본 '아사모(아침사랑모임)' 회원들이 함께 하기 시작했어요. 그리고 2007년에는 '오동우정회'가 만들어져서 꽃도 함께 심고 꽃밭도 일구고 축제도 준비합니다."

그의 말대로 오패산 오동근린공원과 꽃샘길에서는 매년 가을 오패산 마을 축제인 '숲속애(愛)'가 열린다. 오패산 일대의 주민들을 하나로 묶어주는 이 축제는 2014년 마을 주민을 위한 화합의 장을 만들고자 시작되었다. 먹거리 장터, 체험 부스, 어린이놀이터, 음악회 등 각종 다채롭고 아기자기한 행사 속에서 주민들은 가족들과 함께 나와 꽃구경도 하고 숲 공기도 마시며 건강하고 즐거운 시간을 보낸다.

모든 사람들을 위한 쉼터

그의 헌신으로 조성된 '꽃대궐'에는 봄이면 개나리, 달맞이, 제비꽃, 끈끈이꽃, 마가렛 등을 비롯하여 여름엔 풀옥수, 족두리, 천인국, 금송화, 참나리, 해바라기, 원추리, 사루비아, 백일홍 등의 꽃들이 피고 가을에는 코스모스, 국화, 칸나, 다알리아 등이 핀다. 봄부터 가을까지 지루할 틈 없이 꽃들이 피었다 진다.

그뿐이 아니다. 오패산은 키가 자라면 휘어지는 은사시나무가 많았던 산이었다. 은사시나무를 베어내고 그 자리에 단풍나무, 소나무, 도토리나무, 벚나무 등을 심었고 지금은 이 나무들이 울창한 숲을 이루고 있다.

구청도 가만히 있을 수 없었다. 오동근린공원 입구에서 꽃샘길로 이어지는 계단을 만들 때 더 이상 필요가 없어진 철로용 목재를 사용할 수 있도록 승인해주었다. 그 외에도 구청의 지원을 받아 차량이 들어올 수 있도록 길을 넓히고 데크와 화장실 등의 시설도 갖추었다.

오패산에는 오동공원에서 시작하여 꽃샘길로 이어지는 총 길이 약 2km에 달하는 '오패산 나들길'이 있다. 경사가 완만해서 산책하듯 걸을 수 있는 숲길이다. 따가운 햇볕이 내리쬐는 날씨에도 시원한 그늘을 제공해주어 노인과 어린이, 심지어 임산부까지도 부담 없이 자연을 즐길 수 있는 길이기도 하다.

숲길을 가다 보면 어린이들을 위한 숲 체험 공간도 조성되어 있다. 자연 속에서 아이들이 마음껏 뛰어놀며 학습과 놀이를 할 수 있도록 꾸며져 있다. 또한 흙길이 지나면 돌길이 나오고 돌길을 지나면 꽃길이 나온다.

어리석음이 만든 기적

이렇듯 남녀노소 할 것 없이 누구나 즐기며 쉴 수 있는 장소가 되었지만 지금도 그는 꽃샘길을 가꾸고 관리한다. 한때는 버려진 산이었고 쓰레기로 가득 찬 산이었다. 아무도 돌보지 않는 곳이었지만 김영산 씨는 그런 산을 가꾸기 시작했다. 거대한 쓰레기 산 앞에서 혼자 힘으로, 그것도 쇠약해진 몸으로 할 수 있는 일은 별로 없었다. 그럼에도 그는 우공(愚公)이 산을 옮기듯 어리석을 정도로 묵묵히 담배꽁초와 휴지를 줍고 쓰레기를 치웠다.

처음에는 비아냥거리던 사람들도 있었지만 그의 묵묵한 수고는 멈추지 않았다. 어느 새 그 많던 쓰레기가 사라지기 시작했고 쓰레기가 사라진 곳에는 꽃을 심었다. 자연이 그의 수고를 알아주었고 그에게 건강을 선물해주었다. 건강해진 후에도 쉬지 않고 꽃을 심고 산을 가꾸었다. 쉬었다 갈 수 있는 벤치를 만들고 계단을 만들고 길을 내었다.

그가 가꾸어놓은 곳에 아이들이, 사람들이 모이기 시작했다. 축제가 열렸다. 더 이상 혼자가 아니었다. 악취를 풍기며 죽어가던 곳이 누구나 와서 쉬고 숲 공기를 마시며 자연을 누릴 수 있는 곳이 되었고 마을 전체가 사랑하는 자랑거리가 되었다. 버려진 산이 마을 사람들을 하나로 묶어주었다.

그야말로 기적이 아닐 수 없었다. 기적은 어느 날 갑자기 생겨나지 않았다. 30여 년을 하루같이 자연을 사랑하고 가꾸어 온 한 사람의 묵묵한 어리석음이 기적을 일구어낸 것이다.

22
장애를 가진 딸이 준 선물

-뇌병변 발달장애인 의류브랜드 ㈜베터베이직 박주현 대표-

사랑스러운 아이가 초라한 존재가 되지 않기를

　의류브랜드 ㈜베터베이직 박주현 대표는 의류와 관련된 공부를 해본 적이 없다. 그가 옷을 만들기 시작한 건 단지 아이 때문이었다. 첫째 딸을 낳은 후 10년 만에 얻은 둘째 딸아이는 출산 시 의료 사고를 겪었다. 뇌병변이었다. 뇌 손상으로 생기는 장애의 일종이다. 뇌병변의 두드러진 특징 중 하나는 신체의 운동 기능이 마비되거나 약화되는 현상이다. 즉 근육의 경직도가 증가하여 몸이 뻣뻣해지고 관절에 변형이 생겨 일상생활에 필요한 다양한 활동이 어려워진다.

이런 장애를 지닌 아이에게 기성복을 입히기란 여간 어려운 일이 아닙니다. 뻣뻣한 팔을 비틀고 구부려야 하는데 잘못하면 팔이 부러지는 경우도 있다. 아이에게도 엄마에게도 '옷 입기'는 고통스러운 과정이다. 박 대표도 마찬가지였다. 딸아이의 옷을 입힐 때마다 땀을 뻘뻘 흘려야 했다.

그녀의 고민은 여기서 시작됐다.

'어떻게 하면 우리 아이도 고생하지 않고 옷을 예쁘고 편하게 입을 수 있을까?'

단순하게 그저 신축성 있는 재질이나 사이즈가 넉넉한 옷을 입히면 된다고 생각할 수 있다. 그러나 뇌병변 장애를 앓고 있는 사람의 체형이 비장애인에 비해 길고 가는 편이다. 편한 것만 생각해서 사이즈 큰 옷을 입히면 조금만 움직여도 맨살이 드러나기 일쑤다. 그때마다 보호자가 바로 잡아주어야 한다.

그녀가 견디기 힘들었던 건 휠체어를 탄 딸아이를 바라보는 주위의 시선이었다. 아이를 데리고 바깥에 나가면 사람들의 시선이 아이에게 꽂혔다. 처음에는 아이에게 늘어나거나 헐렁한 옷만 입혔다. 예쁜 옷을 입히고 싶은 엄마 마음이야 굴뚝같았지만 현실은 그렇지 않았다. 하지만 후줄근하게 입고 나가면 아이는 아무 옷이나 입혀도 되는, 옷에 신경 써주지 않아도 되는 후줄근한 존재가 되어버렸다. 장애 아동에 대한 편견도 싫었지만 사랑스러운 내 아이가 초라한 존재가 되는

22 장애를 가진 딸이 준 선물

건 더 싫었다.

아이 때문에 생겨난 꿈

"무엇보다 장애를 가진 아이들도 본인들에게 '딱 편한' 옷을 입을 필요가 있어요. 그런 욕구와 권리가 장애인들에게도 있거든요. 그리고 예쁘게 입어야 사람들도 더 소중하게 대한다고 믿어요."

그녀는 장애를 가진 아이들도 '예쁜 옷'을 입히는 것이 중요하다고 말한다. 비장애인만 예쁘고 좋은 옷을 입는 것이 아니라 장애를 가진 아이들에게도 예쁜 옷을 입을 '권리'가 있기 때문이다.

적어도 자신의 딸아이에게 만큼은 편한 옷을 입히고 싶어 손수 재봉틀을 잡았다. 사실 둘째 아이를 임신하면서 태교를 위해 '퀼트'를 시작했고, 손지갑이나 인형을 만들어 고마운 사람들에게 선물하곤 했다. 그런데 선물을 받은 사람들로부터 '손재주가 일품'이라는 칭찬을 들었다. 그냥 인사치레가 아니었다. 자신도 몰랐던 재능이었다. 중고 재봉틀을 마련해 수제 가방도 만들었다. 눈썰미가 남달랐고 원단도 어렵지 않게 재단했다.

패션을 공부하는 동생이 놀라운 소식을 전해주었다.

"언니! 교수님이 뜻밖의 제안을 하셨어. 언니가 만든 가방이 독특해 보이셨나봐. 플리 마켓에 함께 나가자고 하시네?"

동생에게 수제 가방을 선물한 적이 있었는데 학교 교수님이 그걸 우연찮게 보신 모양이었다. 동생의 응원에 힘입어 손가방, 지갑 등 30여 개 제품을 손수 제작했고 여기에 동생이 '비온뒤맑음'이라는 브랜드를 붙여주었다. 첫 번째 플리 마켓에서 거의 완판에 가까운 실적을 올렸다. 얼마 뒤에는 박람회에도 참가했고 거기서는 완판을 넘어 상당한 현장 주문도 받았다. 동생이 창업을 제안했지만 손사래를 쳤다. 장사에 자신이 없었을 뿐더러 자신의 손재주도 아마추어 수준이라고 여겼기 때문이다.

무엇보다 박 대표는 장애를 가진 딸아이의 옷을 만들어 주고 싶었다. 각종 서적과 외국 자료를 참고하여 아이에게 적합한 형태의 옷을 만들기 위해 기존에 만들어진 옷을 뜯고 잘라 직접 리폼하기 시작했다. 여성발전센터에서 본격적으로 의류를 배우기 시작한 건 이때부터였다. 창업을 한다면 뇌병변 장애인을 위한 맞춤옷을 제작하고 싶었다. 오로지 아이 때문에 생겨난 꿈이었다.

대충 만들고 싶지 않았기에

그러나 비장애인을 위해 디자인된 기성복을 고치는 데는 한계가 있었다. 우리나라에는 장애인 의류에 대한 인식이나 관련 제품이 거의 없었다. 그는 해외의 장애인용 의류를 참고하여 아이에게 맞는 앞트임, 옆트임 등 '트임 방식'의 옷을 만들었다.

"아이가 클수록 옷을 입히는 게 정말 어려워지더라고요. 그래서 아이만을 위한 옷을 만들고자 했어요. 우선 몸통과 소매를 연결하는 부분을 넓게 만들어보기도 하고 등, 어깨, 허리를 트는 방법도 시도해봤어요. 많이 만들다 보니 아이에게 꼭 맞는 트임 방식이 생기더군요."

2015년 4월 박 대표는 서울시 한국패션협회가 주관하는 '창업 보육 과정'에 들어갔다. 창업 실무를 배우기도 했지만 아이만을 위해 만든 옷을 검증하고 싶은 마음도 컸다. 실무 과제로 '트임 방식의 장애인 옷'을 만들어 제출했고 포트폴리오도 만들었다. 창업 보육 과정의 멘토는 그녀의 작품을 눈여겨보고는 '특허출원'을 권유했다. 꿈같은 소리로 여겨졌지만 그 꿈은 현실이 되었다. 그해 9월 실제 특허출원을 한 것이다.

이를 계기로 옷 만드는 방법을 정식으로 공부하기 시작했다. 장애를 가진 아이들의 옷이라고 대충 만들고 싶지 않은 까닭이었다. 2015년 10월부터는 중부여성발전센터 의류 수선반 과정에 들어가 수선 일을 배웠고, 수선실에서 근무하면서 옷을 수선하는 솜씨도 눈에 띄게 늘었다.

시작하지 않으면 아무것도 이룰 수 없다

그런 와중에 딸아이에게 '탈구(脫臼)' 증세가 생겼다. 뇌병변 장애인에게 흔히 찾아오는 병이었다. 뼈에서 빠진 관절이 신경을 건드린 탓에 아이는 자지러지게 소리를 질렀고 격한 반응을 보였다. 그녀는 아이를 위해 모든 일을 멈추었다.

멈추어 서 있던 그녀에게 놀라운 일이 생긴 건 그때로부터 일 년여의 시간이 흐른 뒤였다. 2015년 9월에 출원했던 '장애인 옷 트임 방식'이 2017년 5월 특허로 등록된 것이다. 놀라운 일은 그뿐이 아니었다. 같은 해 마포고용복지지원센터에서 주최하는 '여성창업경진대회'에서 그는 장애 아동을 위한 의류 수선으로 대상을 받았다. 이러한 성과에 사회적기업진흥원에서는 창업 자금을 대주겠다고 나섰다. 사랑하는 아이를 위한 꿈이었기에 박 대표는 더 이상 머뭇거리지 않았다.

"시작하지 않으면 아무것도 이룰 수 없다'는 사실을 알았어요."

그렇게 그는 2018년 뇌병변·발달장애인 옷 전문 업체인 '베터베이직(Better Basic)'을 창업했다. 곧이어 뇌병변 장애인 옷의 '표준 규격'을 만드는 작업도 시작했다. 딸아이가 다니는 특수 학교의 학부모들이 든든한 지원군이 되어주었다. 그해 3월부터 그녀는 시제품을 만들어 엄마들에게 나눠주었고, 장애를 가진 여러 연령대의 아이들의 신체 사이즈를 재고 옷을 입혀보면서 5개월여의 시행착오 끝에 박 대표와 엄마들은 장애인을 위한 '6가지 표준 규격'을 만들어낼 수 있었다. 국내 최초의 장애인 표준 사이즈였다.

창업 이후에는 마케팅이 문제였다. 장애인 의류에 대한 인식 자체가 거의 전무하기 때문이다. 장애인 의류가 무엇인지, 왜 필요한지를 알리고 설득하는 것부터 시작해야 했다. 온라인 쇼핑몰에도 장애인 의류 카테고리나 키워드가 없었다.

다행히 수요는 적지만 재구매율이 높았다. 브랜드 론칭 후 장애인 가정으로부터 받은 반응은 둘로 나뉘었다. 먹고 사는 것도 힘들고 아이 뒤치다꺼리를 하는 것도 벅찬데 무슨 옷이냐 하는 반응이 있는가 하면, 옷 한 번 입히기가 너무 힘들었는데 꼭 필요한 제품을 만들어줘서 너무 고맙다는 반응도 있었다. 옷이 얼마나 불편했는지 문제점조차 인식하지 못했더라도 막상 입혀보면 입는 아이도 입히는 사람도 더 나은 생활을 할 수 있다는 걸 깨닫게 된다. 적은 수요에 불구하고 재구매율이 높은 건 이 때문이다.

모두가 편견 없이 살아가는 세상을 꿈꾸며

그녀는 여러 언론을 통해 제법 알려진 유명 인사가 되었다. 그러나 의류 사업을 하는 이유를 이렇게 말한다.

"저는 성공한 사업가가 되고 싶다기보다, 옷만 바꿔도 삶이 달라질 수 있다는 걸 널리 알리고 싶어요."

박 대표는 자신이 겪었던 경험과 노하우를 나눔으로써 장애인들이 세상 속에서 나아갈 수 있도록 함께 고민하고 돕는 것이 꿈이라고 말하는 그녀는 우리 사회가 장애인을 바라보는 시각이 바뀌었으면 좋겠다고 한다. 그녀에게 장애인이란 장애가 있는 사람이 아니라 '비장애인과 신체적 조건이 다른 사람'이기 때문이다. 그래서 그녀는 베터베이직의 목표는 옷을 잘 만드는 것이 아니라 옷을 통해 '생각'을 바꾸는 것이라고 말한다. 그래서 장애인도 얼마든지 사랑받고 당당하게 세상을 살아갈 수 있다는 '생각'을 우리 사회가 가질 수 있기를 희망한다.

장애를 가진 딸아이를 부끄러워하기보다 사랑하는 아이가 초라해 보이지 않도록 예쁜 옷을 만들고자 했던 그녀는 오히려 딸아이로 인해 장애인과 비장애인이 편견 없이 살아갈 갈 수 있는 사회, 장애를 떠나 모두가 행복하고 서로 이해하며 공감하는 세상을 꿈꿀 수 있다고 말한다. 엄마의 꿈은 딸이 준 선물이었다. 장애자를 고귀한 존재로 만드는 박 대표의 삶은 우리의 잘못된 시각을 완전히 바꾸도록 신선한 충격을 준다.

4장
사람들 속으로

23

목소리로 하나가 되다

-고려인 어린이합창단 김혜숙 단장-

'카레이스키', 이들은 분명 우리 동포

일제 강점기 때 많은 우리 동포가 러시아 연해주로 보내졌다. 이들은 '카레이스키'로 불리는 고려인들이다. 이들은 러시아를 비롯한 중앙아시아 각지로 흩어져 살게 되었다. 스탈린 정부 때 약 18만 명이 강제 이주를 당했고, 그 불모의 땅에서 죽은 사람만 해도 1만 6,500명이 넘는다. 1990년 초, 러시아와 국교가 수립되면서 고려인 1세대들의 귀환이 시작되었다. 여기에 방문취업제가 도입되자 지금은 3-5세대까지 귀환하고 있다.

2013년, 광주광역시 성북구 월곡 2동에 '광주고려인 마을'이 조성되었다. 광주광역시 광산구 월곡 2동에는 약 6천 500명의 고려인이 살고 있다. 이들 가운데 상당수가 한국어와 한국 문화를 알지 못한다. 그래서 겉으로는 한국인이나 실상은 외국인과 다름없다.

김혜숙 단장이 고려인에게 관심을 두게 된 동기는 이러하다. 그녀는 동료 성도들과 광주의 고려인 마을에 방문한 적이 있었는데, 그때 고려인 아이들의 상황을 알게 되었다. 그리고 어떻게 하면 이들을 도울 수 있을까 고민했다. 그런데 마침 고려인 강제 이주 80주년 행사의 하나로 합창단을 만들면 어떻겠냐는 제안을 받았다. 성악을 전공했기에 기꺼이 수락했다. 그녀는 한양대와 국립러시아 하바로브스크 예술대학원에서 성악을 전공한 실력 있는 인재다. 현재 광주난원합창단 지휘자이기도 하다. 그녀는 성악가로서 여러 무대에서 활동했고, 광주교대·순천대 음악과 외래 교수로 후진 양성에도 앞장서 왔다.

2016년 7월, 그녀가 이끄는 고려인 어린이합창단이 탄생했다. 단원들의 국적은 러시아, 우크라이나, 우즈베키스탄, 키르키스탄 등 다양하다. 한국에 온 지 1년-4년쯤 되는데 한국말은 거의 못 한다. 그러나 노래를 할 땐 언어의 장벽이 쉽게 허물어진다. 합창단원의 수가 처음엔 9명이었는데, 지금은 21명이다. 이 합창단원에 들어오고 싶어 하는 아이들도 많다. 25명까지 합창단원을 채울 생각이다.

김 단장은 아이들의 노래를 통해 슬픔이 기쁨으로, 절망이 소망으로 변하는 것을 보았다. 합창을 통해 고려인 아이들이 사회적 차별과 편견을 딛고, 당당한 한국 사회의 일원이 되도록 돕고 있다.

고려인들은 역사적으로 자신들이 원하든 원하지 않든, 삶의 터전을 위한 이동이 많았다. 반강제적으로 이주하기도 하고, 또 억울한 죽음을 맞이하기도 했던 역사적인 아픔을 겪은 이들이다. 현재는 여러 나라에 흩어져 살고 있다. 그들 중 고국으로 돌아온 이들도 있다. 하지만 고국에서의 생활은 쉽지 않았다. 한국어를 잘 구사하지 못했기에 언어의 장벽을 느껴야 했기 때문이다. 한국만의 고유한 문화를 겪어 보지 못했기에, 고려인 아이들은 또래들과 어딘가 다를 수밖에 없다. 더구나 초등학생의 나이는, 힘든 일을 이겨내는 단단함이 형성되기에는 너무 어린 나이다. 그 나이 때에는 또래 친구들이 하는 말, 어쩌면 눈빛 하나에도 쉽게 상처받을 수 있는 유약한 시기이다. 이러한 언어와 문화의 차이로 인해 고려인 아이들은 학교에서 왕따를 겪기도 했다.

고려인 아이들의 학부모들은 대부분 일용직 노동자들이다. 경제적으로 넉넉지 않아 생활에 어려움이 있다. 그러나 그보다 더 안타까운 것은 아이들과 함께 있어 줄 시간을 내기가 어렵다는 것이다. 고려인 아이들은 학교와 가정에서, 안팎으로 외로움을 느끼지 않을 수 없다. 이러한 상황 속에 있는 고려인 아이들을 김 단장은 그냥 지나칠 수가 없었다. 이 아이들이 그녀의 마음에 크게 남았다. 그 마음이 어떤 종류의 마음인지 아는 사람은 알 것이다.

사랑이 많으신 누군가가 넣어 주시는 마음, 분명 주님의 마음이었으리라. 주님께서 그녀에게 부어주신 긍휼이 다시 고려인 아이들에게 흘러갔다. 그녀는 고려인 아이들이 우리 조국에서 살아가는 데에 작은 도움이라도 베풀어 보자는 생각을 하게 되었다. 그녀를 통해 배운 노래를 부르며, 아이들은 하나님을 함께 찬양했다. 기적은 그때부터 일어나기 시작했다.

언어의 장벽과 편견을 넘어서는 아이들

고려인 아이들은 '노래'라는 매력에 빠져들기 시작했다. 삶에 즐거울 일이 많지 않았던 아이들에게 기쁜 찬송 소리가 이들의 마음에 채워지기 시작했다. 아이들이 불렀던 노래들은 대부분 하나님을 찬양하는 가사들이었다. 노랫말에는 하나님의 성품이 담겨 있다. 하나님의 사랑과 긍휼과 자비, 그분의 신실하심과 성실하심, 우리를 버리지 아니하시고 영원히 함께하시겠다는 약속 등 기쁨과 감사와 위로와 소망의 메시지가 가득하다. 아이들은 그 노래들을 감미로운 곡조에 맞추어 다채로운 화음으로 불렀다. 아름다운 하모니의 찬양을 하나님께 올려드린 것이다.

차별과 따돌림으로 인해 슬픔과 외로움 속에 빠져 있던 그들에겐 찬양은 살아갈 힘이 되었다. 하나님을 찬양하기 시작하자, 아이들의 마음에 드리운 어둠들이 떠나가기 시작했다. 슬픔이 기쁨으로, 원망이 감사로, 절망이 소망으로 바뀌는 기적이 일어났다. 이들의 작은 읊조림이 큰 외침이 되고, 세상을 향한 소망의 선포가 된 것이다.

지금 자신이 처한 환경 속에서 계속 삶을 지속해 나갈 수 있는 원동력이 생긴 아이들의 변화는 폭발적이었다. 그녀 역시 그것을 바라고 소망하였기에 이들을 잘 섬겼다. 그녀는 하나님이 자신에게 주신 음악적 재능, 평생 배우고 익히며 습득한 '노래'와 관련된 모든 것을 아이들에게 아낌없이 쏟아부었다. 아이들의 목소리를 가다듬었고, 합창의 기초가 되는 발성을 꾸준히 훈련시켰다. 아름다운 하모니를 이룰 수 있는 화음을 가르쳤고, 동요와 가곡 등의 다양한 장르의 곡도 소화하도록 하였다. 그녀의 열정적인 지도와 훈련은 고려인 아이들의 합창 실력의 향상과 함께 아이들이 건강하게 성장해 나갈 수 있도록 만들었다.

그뿐만 아니라 한국인들과도 잘 교류하며 생활할 수 있도록 틈틈이 한국 문화와 예절을 가르쳤다. 한국식 인사법, 한복 예절, 다도 등의 한국의 전통문화도 가르쳐 왔다. 내적인 변화뿐만 아니라 외적으로도 갖추어야 할 것들에 대해서도 고려인 아이들에게 세심하게 가르쳐 주며 전인격적 지도를 했다. 한국 사회에서 살아갈 때 필요한 것들을 습득할 수 있게 곁에서 도왔다. 한국 문화는 집단 문화가 강하기에, 특별히 또래 문화에 예민한 초등학생 때는 이것이 더욱 중요하다는 것을 잘 알고 있다.

아이들은 방과 후 지역아동센터로 향한다. 이때를 이용하여 그녀는 일주일에 한두 번씩 2시간 동안 아이들에게 한글을 가르쳤다. 쉬운 일은 아니었다. 어린 데에다 갑자기 여러 언어와 문화를 접촉하다 보니 아이들이 몹시 혼란스러워했다. 가정에서 사용하는 언어와 학교에서 사용하는 언어가 다르기 때문이다. 게다가 학교에서는 영어까지 가르친다. 그래서 합창곡 레퍼토리도 한국 동요, 러시아 동요, 가곡, 팝송, 성가 등 다양하게 구성했다.

성격이 과격하고 다소 반항적인 아이들이 있다. 또 우울증 증세를 보이는 아이들도 있다. 그러나 노래를 할 때 만큼은 모두가 유순해지고 밝아진다. 이러한 아이들을 보면서 그녀는 이 땅을 만드신 위대한 창조주께 받은 자신의 재능을, 도움이 필요한 연약한 아이들에게 아낌없이 쏟아부었다. 그 결과, 아이들을 미소 짓게 하고, 우리의 마음도 감동케 하는 아름다운 노래의 이야기가 만들어졌다.

평화를 노래하는 천사들

최근 고려인 마을에는 새로운 활기를 띠고 있다. 합창단에 새로운 단원들이 들어왔기 때문이다. 러시아의 우크라이나 침공을 피해 정착하러 온 난민 어린이들은 우크라이나에 아버지를 남겨둔 채 어머니와 함께 머나먼 타국에 왔다.

이들은 김 단장의 권유로 입단하였는데, '평화'를 주제로 함께 노래하면서 위축되고 우울했던 마음에 활력과 자신감이 생겼다. 한 아이는 아직 자신의 아버지가 우크라이나에서 총을 들고 싸우고 있기에 너무 걱정된다며, '평화를 전하는 노래'를 하고 싶다고 했다. 또한 자신의 노래를 듣는 사람들에게 힘이 되었으면 좋겠다고 덧붙여 말했다. 평화를 외치는 꼬마들의 아름다운 노랫소리가 가득한 곳, 고려인 어린이합창단이다.

김 단장은 고려인 어린이합창단 외에도 오랫동안 교도소 선교 사역, 고려 FM 방송 아나운서, 난원합창단 지휘자 등의 봉사 활동을 해 왔다. 또 2017년부터 고려인 마을에서 운영하는 '고려 FM'의 '고려인뉴스'와 '맑은 샘 이야기'의 MC도 맡고 있다. 이 자리를 통해 고려인 사회의 이야기를 전한다는 김 단장. 그녀는 고려인들을 향한 차별이 아직 사라지지 않은 현실에 안타까움이 있다. 사람들이 독립운동가의 후손인 고려인들의 정직하고 부지런한 면모들을 알아주길 바라는 마음이 가득하다. 고려인들이 우리말이 서툴고 문화를 잘 알지 못하여 겪는 편견과 차별에 그녀는 여전히 마음이 아프다.

그럼에도 그녀는 고려인 아이들이 꿈을 포기하지 않고 계속 희망을 품고 살아가기를 바란다. 합창단 활동을 통해 아이들의 변화를 보는 것은 그녀의 큰 기쁨이자 보람이다. 그래서 오늘도 아이들과 함께 머문다. 고려인 아이들이 고국에서 건강하게 자라서, 사회 일원으로 당당하게 자신의 역할을 감당해 나가도록 그들의 성장을 돕는 것이 자신의 역할이라고 생각하기 때문이다. 훗날 이들이 한러 양국의 어린이 문화사절단이 되기를 바라는 소원도 품고 있다. 그 소원이 이루어지는 날을 꿈꾸며 오늘도 합창단에서 아이들과 함께 하나님을 찬양한다. 그 어떤 노래보다 아름다운 삶의 찬양을 하나님께 드리고 있는 김 단장과 아이들이 참으로 너무나 귀하고 아름답다.

24

날개 다친 다음 세대를 품다

-십대지기 선교회 대표 박현동 목사-

'가출'에서 '가정 밖'으로

우리가 소위 문제아라고 부르는 청소년들은 사실 '날개를 다친 천사'이며, 관심과 사랑이 필요한 다음 세대이다. 박현동 목사는 20여 년간 이러한 청소년들을 섬겨왔다. 그리고 2000년 4월 1일, '십대지기'를 설립했다. 다음 세대에게 길을 안내하고, 그리스도의 비전을 심어주기 위해서이다. 특히 '가정 밖 청소년'과 위기 청소년을 보호하고 지원하는 일에 온 힘을 쏟고 있다.

'가출 청소년', '가정 밖 청소년', '학교 밖 청소년'이라는 단어가 생소하다고 느끼는 사람들이 많다. 가출 청소년은 말 그대로 집을 나온 청소년이다. '가출'이라는 용어가 '가정 밖'으로 대체된 지 5년째이다. 자의적 일탈 때문이 아니라 폭력으로부터 탈출하기 위해 집을 나온 청소년도 있다는 것을 생각해야 한다는 취지에서 법률 용어를 바꾼 것이다. 그러나 집을 나온 청소년에 대한 사회적 인식이 많이 개선되었지만, 가출 청소년은 곧 문제아라는 식의 등식은 여전히 남아있다.

그 역시 청소년의 '가출'이 '탈출'로 보게 되기까지 오랜 시간이 걸렸다. 이것은 단순히 용어의 변화가 아니다. 그가 처음 가출 청소년을 접했을 때만 해도 그들을 집으로 돌려보내는 것이 최선책이라고 생각했다. 그러나 이면에 존재한 사회 구조적인 문제를 보게 되자 가출 청소년, 즉 '집을 나온 아이들'에 대한 시각이 달라졌다. 그뿐만 아니라 청소년 복지 사업의 틀도 달라졌다.

'십대지기 선교회'

바다에 등대지기가 있다면, 다음 세대에겐 십대지기가 있다. '십대지기 선교회'는 약 한 20년 전에 경기 북부 지역에서 시작한 청소년 전문 단체이다. 청소년들을 사랑하는 지역 목회자들이 함께 세웠다. 의정부, 양주, 동두천, 포천, 연천 등을 중심으로 지역 거점 중심 사역을 시작했다. 지역 청소년들을 대상으로 복음을 전하고, 이들을 통해 하나님 나라를 세우는 것이 설립 목적이다. 설립 당시만 해도 이 지역들은 많이 낙후되어 있었다.

"10대 이야기를 제일 잘 들어줄 수 있는 세대 역시 10대거든요."

그는 10대를 통해 10대에게 복음을 전하는 사역을 시작했다. 즉 10대를 훈련해서 현장(학교)으로 파견하는 것이다. 10대가 제일 많이 머무는 학교에 기독 동아리를 만들게 하는 것이다. 동아리를 중심으로 기도 모임도 하고, 친구들을 초대한다. 그밖에 사역으로는 소외된 청소년들, 집 밖의 청소년들을 위한 쉼터(shelter)를 운영한다. 함께 생활하면서 삶 속에서 복음을 전한다.

"애들에게 교회로 오라고 말을 하기보다는 우리 선교 단체가 학교로 가서 이미 예수를 믿는 아이들을 양육하는 것입니다. 그러면 이들이 다리 역할을 하여 믿지 않는 아이들을 불러 모으는 것이지요."

'목사'와 '이티'

"애들이 변했다기보다는 시대가 변한 것 같습니다. 이 시대는 어른들도 정신없게 만듭니다. 아이들은 여전히 순진하고, 착하고, 가능성이 있습니다. 저희 어릴 때만 해도 딱지치기 같은 거 하면서 뛰어놀았지요. 그런데 요즘 아이들은 스마트기기를 갖고 놀고, 끼리끼리 노니까 이기적인 문화가 많이 나타납니다."

이러한 문화가 십 대들을 위한 선택지를 점점 줄어들게 만든다. 그뿐만 아니라 대다수가 학원에 다니다 보니, 시간도 별로 없고, 사귐의 대상도 제한되어 있다. 이러한 십 대들과 잘 소통하려면 인위적이기보다는 자연스러운 태도가 좋다고 그는 말한다. 예컨대, 억지로 십 대들을 흉내 내려 한다던가, 반대로 십 대들을 자기처럼 만들려는 것은 역효과라는 것이다. 아이들을 있는 모습 그대로 보는 것이 가장 중요하다고 강조한다. 예수님 역시 우리를 있는 모습 그대로를 보시기 때문이다.

박 목사가 청소년 사역을 하게 된 동기는 이러하다. 그가 고등학생이었을 때, C.C.C. 십 대 선교부라는 팀이 학교에 들어왔다. 이곳에서 제자 훈련을 하면서 새로운 교육 방식을 접하게 되었다. 지금까지는 일방적인 교육만 받았었는데, 여기서는 묻고 답하며 나눔 형식으로 공부를 했다. 그리고 선후배가 서로 섬겨주는 문화를 접했다. 그 결과 고3이 되어 후배들을 섬길 때부터 청소년들이 좋아지기 시작했다.

그는 중학교 시절부터 '목사'라는 별명을 달고 살았다. 또 다른 별명은 '이티'였는데, 그 이유는 '이빨이 튀어나왔기 때문'이라고 한다. 그런데 그가 청소년 사역을 하기로 결단하는 데 가장 큰 영향을 미친 분은 교목(학교 목사님)이었다. 교목이 그에게 웃는 모습이 너무 멋있다며, 너는 웃는 것 하나만 가지고도 인생을 살 수 있겠다고 말했다. 훗날 사실은 그때 이가 튀어나와 입이 안 다물어졌던 것이라며 농담을 한다.

이 말에 큰 힘을 얻는 그는 실제로 사역 현장에서 그 웃는 얼굴 하나로 사람들을 무장 해제시키는 위력을 발휘했다.

애들은 그냥 애들입니다

그에겐 어른 사역 경험이 거의 없다. 6개월 정도의 부목사 경험이 전부다. 이상하게도 그 이상을 할 수 없어서 계속 사임을 했다고 한다. 지금도 어른 대상으로 설교하는 것을 많이 불편해한다. 반면에 아이들은 너무 좋아한다. 아이들에게 설교하라면 2시간이고 3시간고 한다. 그 이유는 아이들만이 지닌 매력 때문이다. 이것을 그는 '회복 탄력성'이라고 칭한다. 아이들은 신앙 면에서나 생활 면에서 탄력성이 아주 뛰어나기 때문이다. 즉 아이들은 한 번 헌신하고, 결단하면 한 달 안에도 삶의 대변화가 일어난다.

"처음엔 쉽게 안 받아주지만 일단 코드가 맞는다는 것을 확인하면 순간적으로 변화가 일어납니다. 마치 인간이 개조되기라도 하는 듯 말입니다. 그만큼 아이들이 순수하다고 봐야겠죠. 무엇보다 아이들을 변화시키는 것은 사람이 하는 일이 아닌 것 같습니다."

이러한 현상은 위기 청소년들에게도 똑같이 나타난다. 물론 모든 청소년이 변화는 것은 아니다. 그러나 청소년들에겐 강력한 흡수력이 있어서 일단 복음을 받아들이면, 빠른 속도로 그 복음을 확장한다. 이것이 다음 세대의 특징이기도 하다.

우리나라에서 연간 가출한 청소년의 수가 약 20만 명이라고 한다. 이들 가운데 90%가 집으로 돌아간다. 집에 들어가면 다시금 잔소리를 듣고, 힘들어도 밖에서의 생활이 더 힘들면 돌아간다고 한다. 이 말에 많은 어른들이 안심하는 데 그는 오히려 경계를 표한다.

"20만 명 가운데 10%면, 2만 명이에요. 그 2만 명이 집으로 못 돌아가는 거예요. 못 돌아간다기보다는 안 돌아가는 거지요. 왜냐하면 이 애들은 집이 너무 힘들고 견딜 수 없어서 탈출한 거거든요. 저는 이 10%에 관심을 두고 있습니다."

박 목사는 이렇게 집으로 돌아가기 싫어하는 아이들을 주목한다. 그리고 이 아이들을 집으로 돌려보내려고만 할 것이 아니라, 건강한 사회인이 될 수 있도록 돕고 있다. 다행히 국가에서도 청소년 쉼터와 같은 청소년 복지를 위한 틀을 마련했다. 그는 이러한 시설을 위탁받아, 아이들의 생활 시설로 운영할 수 있다고 말한다.

그가 아직도 잊지 못하는 한 아이가 있다.

"제가 이 사역을 하면서 처음 만난 여자아이예요. 그 당시만 해도 열정은 있었는데 경험이 없었지요. 그 아이가 처음 저를 찾아왔을 때가 초등학교 5학년 정도였던 것 같아요. 그런데 그 애의 첫 마디가 자기 아버지를 죽이고 싶다고, 죽이는 것이 소원이라고 말하는 거예요."

아이의 말을 들었을 때 처음엔 놀라기도 하고, 이해도 안 되었다. 그런데 그 아이의 마음 문이 열리면서 말 문도 열렸다. 그제야 왜 아이가 아버지를 죽이고 싶어 했는지 알게 되었다. 그 아이는 극심한 가정 폭력의 희생자였다.

다행히 그 아이는 쉼터에서 치유되어갔고, 어느새 중학교 3학년이 되었다. 그때까지 그 아이에게 공부하라는 말은 한 번도 하지 않았다. 나중에 알고 보니 그 아이에겐 난독증이 있었다. 공부하고 싶어 하는 그 애의 진학을 돕기 위해 의정부 지역 13개 학교를 다 돌아다니며 혹시라도 정원이 미달 된 학교가 있으면 알려 달라고 부탁했다. 그 결과 한 학교로부터 연락이 왔고, 아이는 무사히 입학했다. 그 아이가 벌써 32세가 되어 지금은 유치원 선생님이 되어 잘 살아가고 있다. 이 사건을 계기로 그는 중장기 시설 플랫폼을 만들게 되었다. 쉼터 이후의 삶을 도울 수 있는 자립지원관이다.

그가 집 밖의 청소년에게 관심과 사랑을 쏟아붓고 있는 동안, 정작 자기 자녀에겐 소홀히 할 수밖에 없었다. 그러자 큰 딸아이로부터 이런 말을 들었다.

"아빠, 밖에 있는 청소년들 말고 안에 있는 청소년도 좀 사랑해봐."

그의 자녀들은 할머니의 손에서 잘 컸다. 그러나 아빠·엄마의 사랑이 부족했다는 것을 뒤늦게 깨달았다. 그래서 자녀들과도 함께 시간을 보내며, 책도 읽고 나눔도 한 지 7년이 넘는다.

의정부 지역에서 20년이 넘게 청소년 사역을 해온 박 목사에게 지역 교회 목회자들은 경계의 눈초리로 바라보았다. 그래서 그는 이 지역에서 절대 교회 개척을 안 할 것이니 염려하지 말라고 안심시켰다. 혹시 청소년 사역 은퇴 후 개척하게 되더라도, 다른 지역에서 할 것이라고 덧붙였다. 그는 지역 교회가 청소년 사역에 좀더 힘을 보탰으면 좋겠다고 말한다. 네 교회 내 교회 구분 짓지 말고, 마음을 열어 장소도 제공해주고, 물질로도 도움을 주기를 바라고 있다.

청소년 사역 여정에서 늘 기쁜 일만 있었던 것은 아니다. 그의 마음을 후벼파는듯한 모진 말도 듣고, 배신감도 느꼈다. 그러나 그런 기억에 매여 있으면 앞으로 나갈 수가 없다. 오히려 그것을 반면교사 삼아 보다 잘하려고 애쓴다. 이따금 군대 간다며 음료수를 사 들고 찾아오는 아이들이 있다. 이러한 기쁨이 어찌나 큰지 지난 쓴 기억을 단번에 지워버린다. 지금 많은 분이 크고 작은 액수로 후원을 해주고 있는데, 앞으로 더 많은 분의 도움을 기다리고 있다. 그러나 무엇보다 청소년에 대한 인식이 바뀌기를 그는 간절히 소망한다. 사랑이 사랑을 낳고 사랑받은 자만이 변화기 때문이다.

25
한국인 자랑스러워 사회 공헌하는 삶

-코레아트 대표 장하다-

취약 계층 아동 영어 교육하기까지

취약 계층 아동 영어 교육 봉사를 하는 입양 한인 장하다 씨는 "외국인을 보면 피하거나 제대로 말도 못 건네던 아이들이 적극적으로 인사를 나누고 영어로 대화하는 모습을 볼 때 뿌듯합니다."라고 이야기한다.

인카스(InKAS, 국제한국입양인봉 사회)가 취약 계층 자녀들을 대상으로 펼치는 영어 교육에 원어민 강사로 활동중인 장하다 대표는 벨기에 입양 한인이다.

장 씨는 1975년 1월 6일 경남 밀양시에서 태어나 1977년 두 살 때 버려졌으나 경찰에 의해 발견되었고, 그해 입양 기관인 홀트를 통해 딸 둘을 둔 벨기에 가정에 입양되어 '영 쁘띠종(Jong PETITJEAN)'이라는 이름을 갖게 되었다. 입양 가정의 벨기에인 부부는 20대 청년 시절에 결혼을 약속하면서 '2명의 자녀를 낳은 후 나머지 한 자녀는 입양하자!'라는 계획을 실천에 옮기면서 장하다 씨를 입양했다.

이렇게 그는 새로운 환경에서 부모님과 두 누이와 행복하게 성장하였다.

이러한 벨기에 양부모의 사랑스러운 보살핌 아래 벨기에의 대학에서 전략마케팅을 전공한 그는 오스트리아 빈의 유럽 특허 사무소 'European Patent Office'에서 분석가로 첫 경력을 쌓았으며, 그곳에서 특허 정보 권리에 대한 추천서를 출판했다.

2000년 9월에 다국적 기업인 'Coca-Cola 엔터프라이즈'로 이직하여 영업 부서에서 일했다. 금방 실력을 인정받아 벨기에와 룩셈부르크 출신의 신규 직원들에게 가르치기 시작했다. 같은 해 벨기에 브뤼셀에서 '영업 리더십'을 인증받았고 영어와 프랑스어 이중 언어를 자유롭게 구사하면서 실력을 인정받았다.

3년 후 '하이네켄(Heineken)' 그룹에 인수된 '(전)알켄마스'로 옮겼다. 왈로스(네덜란드어를 사용하는 벨기에 지역) '그레이마켓'에서 일했다. 당시에는 새로운 시장이었다.

2006년에 스페인어를 배우자는 새로운 목표를 세워 스페인의 수도 마드리드로 이주했다. 마드리드에서 유명한 대형 연회장에서 일을 시작했고, 'Pedro Larumbe Group Restaurants and Events'에 참여할 기회를 얻는다. 2006년에는 사라고사에서, 2010년에는 상해 국제 박람회에서 스페인 대표로 참여했다. 그는 연회장의 명성을 높이는 데 공헌하여 승진을 거듭했고 100명의 종업원을 대표하는 총책임자가 됐다.

그는 스페인에서의 일련의 도전과 경험이 좋았지만, 또 다른 도전을 갈망했다. 그래서 마드리드 관광부에서 제안한 시립 유스호스텔의 제너럴 매니저로 변신했다. 4층 규모의 큰 건물을 마드리드 관광 부흥 프로젝트를 위해 디자인하고 운영했다.

영업과 마케팅, 그리고 코칭 경험을 가지고 최상의 조직을 꾸려 프로젝트를 실행했다. 'AJ Madrid'라는 새로운 호텔 브랜드를 선보여 호스텔 월드, 호스텔 부커스, 고미오로부터 '최고의 호텔, 최고의 스텝, 그리고 최고의 컨셉'으로 인정받고 전 세계에 추천된다. 그리고 'Cosavostra Productions'라는 이벤트와 컨설팅 회사를 설립해 스페인 마드리드와 그라나다에서 일했다.

당시 그는 항공기 비행에도 열정적이었다. '4 Vientos Madrid Airport'에서 비행 공부를 했고 파일럿이 됐다.

스페인에서의 운명적인 만남

2012년 마드리드에서 여느 날처럼 일하던 중 한국인 배낭 여행자인 지금의 아내 서정임 씨를 만났다. 그녀는 세계 여행 중이었고 그가 일하고 있는 숙소에 머물고 있었다. 그에게 한국에 대해 많은 것을 알려 주었다.

"어느 날 마드리드에서 일하다가 만난 한국 여성에게 호감을 느꼈는데, 그녀는 저의 한국인으로서의 뿌리에 대해 생각하게 했습니다. 그래서 이끌리다시피 한국에 오게 됐습니다." 그는 그전까지 한국인을 한 번도 만난 적이 없었다.

그러나 서 씨를 만나게 되면서 한국이 궁금해졌다. 한국으로 한 달 여행을 다녀온 뒤 그의 뿌리를 찾고 싶었다. 그와 함께 스페인에서 만난 서 씨와도 친해지고 싶어 2013년에 유럽 생활을 정리하고 무작정 한국 서울로 이주해 와서 한국 생활을 시작했다.

이러한 한국으로의 이주 과정에 대해 장하다 씨는 "인생은 놀라움과 예상 밖의 일이 일어나는데요. 제가 마드리드에서 일할 때 한국인 여성(지금의 아내)과 만나게 되었고, 그녀를 위해 한국에 오기로 결심하게 되었습니다."라고 이야기하였다. 또 그는 2012년 스페인에서 아내를 만난 이후 처음으로 한국을 방문해서 결혼한 후에 한국인으로 제2의 인생을 결심하게 되었다고 한다.

처음에는 아무 연고도 없고 말도 안 통하는 한국행에 대해 두려움도 있었지만, 용기를 냈다. 덕분에 서 씨와 부부의 연을 맺게 되었다. 이와 함께 한국 국적도 회복했다. 그는 항상 무엇인가 비어 있다고 느꼈는데, 그것은 바로 한국인의 민족적 정서였다. 그러나 한국에서의 정착과 적응은 쉽지만은 않았다.

이에 대해 그의 아내 서정임 씨는 이렇게 회상한다.

"언어도 완전히 다르고 문화도 달라서 처음에 적응하기 힘들었죠. 그런데 워낙 도전하는 걸 좋아하고 문화에 대해 열린 마음이 있었기에 차차 적응해가면서 새로운 일을 찾아 해내더라고요."

그 무렵 어느 해외 입양인을 통해 인카스(InKAS, 국제 한국입양인봉사회)를 알게 됐고, 인카스의 영어 강의 프로그램에 흥미를 느껴 강사가 되었다.

취약 계층 아동 영어 교육

장 대표는 인카스에서 취약 계층 아이들에게 무료로 영어를 가르치고 있다. 인카스(InKAS, 국제 한국입양인봉사회)는 LH(한국토지공사)와 사회 공헌 협약을 맺고, LH 임대주택 입주민 저소득층 아이들이 영어를 배우고 소통할 수 있도록 그들에게 배움의 기회를 제공한다.

이 외에도 인카스는 한국으로 돌아온 원어민 강사들이 아이들과 어울리면서 보람 있는 일을 할 수 있는 기회를 마련하고 있다.

LH와 InKAS가 마련한 취약 계층 아이들을 위한 영어 교실에서는 미국·캐나다·프랑스·스웨덴·호주·벨기에로부터 온 해외 입양 한인들이 강사로 재능기부를 한다. 프로그램 초창기부터 참여해 온 그는 "모국에 기여할 수 있는 일이라 보람을 느낀다."며, "지금은 소속감도 생겨서 힘닿는 대로 이 일을 계속할 것"이라고 밝혔다.

그의 강의 비법은 아이들이 영어에 흥미를 갖도록 유도하는 것이다. "일단 재미를 느끼면 영어를 쉽게 배울 수 있고, 영어 문화권에 대한 호기심도 생긴다."고 말한다. 또한 그는 "진정한 영어 교육은 단지 영어 자격증을 위한 것이 아니라, 다른 세상과 소통하는 창구를 열어주는 것이다."라고 한다.

이러한 일을 통해 그는 아이들과 아주 즐겁게 지내고 있다고 한다. "외국인을 접한 적이 별로 없는 아이들에게는 이 일에 동참한 사람들과 서로 만나 어울리는 것만으로도 도움이 됩니다."라고 말한다.

영어 교육을 시작하게 된 계기에 대해 이렇게 말한다.

"해외 입양인들이 처음 한국에 오면 생소한 문화와 언어 장벽 때문에 어려움을 겪습니다. 뛰어난 경력이 있다고 할지라도 한국에서도 전에 했던 일을 그대로 하기는 힘듭니다. 이들에겐 우선 한국 사회에 적응하는 것이 필요합니다. 이 부분을 제가 인카스를 통해 도울 수 있을 것 같아 이 일을 시작했습니다."

그런데 장 씨는 비단 언어만 가르치는 것이 아니라 다양한 문화를 소개하고, 아이들과 즐거운 추억을 만들어 간다. 또한 인카스가 다른 세상과 소통하는 창구가 되기를 기대하고 있다. 현재 수백 명에 달하는 강사를 확보하고 있고, 대기 중인 지원자도 꽤 많다.

그러나 교육 과정에서 어려움도 많았다. 남편을 자랑스러워하는 서정임 씨는 "무엇보다 아이들이 떠들어대는 바람에 귀가 아프다고 했지요. 제 자리에 앉으라고 해도 말을 안 듣는다는 거예요. 그러면 그때마다 저는 많이 힘들면 그만두라고 말했지요. 그러나 사명감이 있었기에 계속 가르쳤어요. 그는 아이들이 잘 자라고, 영어를 통해 자신감을 얻고, 세상을 보는 눈을 갖기를 늘 바라지요."라고 이야기한다.

친부모 찾기

한국에서 친부모를 찾으려고 애썼다. 입양 자료가 불충분해 아직 친부모는 만나지 못했다. 그러나 "유복한 양부모 밑에서 잘 자랐고, 행복한 가정까지 이뤘기에 친부모에 대한 원망은 없다. 친부모 찾는 것에 집착하지는 않지만, 기회가 된다면 꼭 찾고 싶다."라고 피력한다.

원어민 코칭 코레아트센터 운영

원어민 외국 코칭 전문회사 코레아트센터(www.koreartcenter.com)를 운영하는 그는 외국어 강의를 하면서 한국 사회와 행동 패턴, 교수법을 관찰했다. 그리고 이를 토대로 새로운 언어 코칭 프로그램을 고안하고, 2014년 코레아트(Koreart)를 열었다. 코레아트에서는 영어·불어·스페인어를 코칭하면서 국제적 감각과 문화, 생각하는 법 등을 공유한다.

코레아트를 운영하는 그는 "제가 하는 일이 한국 사회에 보탬이 됐으면 좋겠습니다. 또한 아내와 아들 주드가 자랑스러워할 만한 일을 계속할 것입니다."라고 말한다. 입양아임에도 좋은 양부모를 만나 바르게 성장하여 또 다른 약한 이들을 돕는 그의 헌신은 참으로 우리의 가슴에 큰 울림으로 다가온다.

26

시청각 중복 장애 1호 박사

-박사 조영찬-

시청각 중복 장애 극복한 박사

헬렌 켈러는 보지도 듣지도 못했지만, 평생 농아와 시각장애인을 도우며 살았다. 한국에도 헬렌 켈러처럼 앞을 볼 수도, 들을 수도 없는 사람이 박사 학위를 받았다. 우리나라에서는 처음 있는 일이다. 시청각 장애인으로 처음 박사 학위를 받아 감동을 전한 사람, 바로 그 사람은 2022년 2월 10일 나사렛대에서 신학 박사 학위를 취득한 조영찬 씨(50)다.

그는 2007년 나사렛대 점자문헌정보학과에 입학한 후 이듬해 신학과로 전공을 바꿨다. 5년만에 복수 전공(사회복지학과)까지 마치며 학부를 졸업한 그는 이어 대학원에서 신학과 기독교 상담학을 5년에 걸쳐 끝냈다. 2017년 박사 학위 준비를 시작해 5년 만에 박사 학위를 취득한 것이다. 대학 입학부터 박사 학위까지 총 15년이 걸렸다.

삼관인(三官人)

국내 1호 시청각 장애인 박사. 분명 놀랍고 대단한 일이다. 하지만 그를 시청각 장애인이라고 지칭하는 것은 내키지 않는다. 그는 자신이 '삼관인(三官人)'으로 불리길 원한다. 그에게 없는 시각, 청각에 초점을 맞추지 말고 그에게 있는 후각, 미각, 촉각에 집중해 달라는 의미다. 삼관인은 시각·청각·후각·미각·촉각 5개의 감각 기관(五官) 중 3가지 감각은 갖고 있다는 의미다.

그가 대학을 다니기로 결심한 이유는 시청각 장애인을 위한 일을 하고 싶어서다. 그래서 점자문헌정보학과를 선택했다. 점자에 대해 체계적으로 연구해 자신과 같은 '삼관인(三官人)'들을 위한 손가락 점자를 보급하고 싶었기 때문이다.

삼관인(三官人)에 대해서 그는 이렇게 말한다.

"장애인을 지칭하는 용어들은 한결같이 그 사람의 가장 취약한 점을 꼬집어서, 마치 그 장애가 그의 전부인 것처럼 만들어져 있습니다. 해당 장애를 뺀 다른 부분은 오히려 비장애인보다 더 건강할 수도 있는데 말이지요. 극소의 장애로 그 사람 전체를 지칭하는 용어를 자꾸 사용하면 마치 그 사람에게는 장애 외에 아무것도 없는 것처럼 인지와 사고를 왜곡하는 문제가 생기지요. 시청각 장애인이라 해도 시각과 청각 외에는 모든 감각이 다 비장애 상태인데 시각과 동시에 청각이라는 중복 장애를 입은 가장 극심한 장애인이라고 자꾸 강조하면 시각과 청각을 뺀 나머지 세 가지 감각마저 하찮고 미미한 것으로 축소되는 폐단이 따릅니다. 없는 것보단 가진 것에 집중하자는 의미로 '삼관인'이라는 용어를 고안해 보았습니다."

이러한 삼관인(三官人) 조영찬 씨는 2007년 나사렛대학교 점자문헌정보학과에 입학 후, 신학과로 전과하고 사회복지학을 복수 전공하여 졸업했다. 이후 신대원에서 목회학 석사, 일반대학원 석사 과정에서 기독교 상담학, 일반대학원 박사 과정에서 신학을 전공했다. 그는 신학을 공부하게 된 계기에 대해 "중복 장애로 인해 사람도 하나님도 나를 버렸다는 피해 의식이 있었다."라며 "결혼한 뒤 오히려 하나님께서 살길을 주셨다는 마음이 들었고 은혜에 부응하기 위해 신학 공부를 결심하게 됐다."라고 밝힌다.

15년의 학업

그는 지난 1998년 척추 장애가 있는 그의 아내 김순호 씨를 만나 결혼했다. 장애로 인해 의기소침해 있던 아내 역시 극적으로 하나님을 만나면서 신학을 공부하기 시작했다. 대학에서 우연히 그를 만나 사랑을 키웠고 결혼까지 했다. 결혼 후 아내는 남편 조 씨의 눈이 돼 학업을 무사히 마칠 수 있도록 도왔다.

볼 수도 들을 수도 없는 그가 박사 학위를 받기까지 아내의 조력이 없었다면 불가능했다고 고백한다. 책 한 권도 아내 도움 없이는 읽을 수가 없었다. 아내는 남편을 위해 모든 전공 관련 책을 스캔한 뒤 한글 파일로 만들었다. 그래서 그는 점자 단말기를 이용해 책을 읽고 공부를 할 수 있었다.

이렇듯 보통 사람도 하기 힘든 공부를 15년간 이어온 데에는 그에게 주어진 선택지가 극히 제한적이었던 까닭도 있다. 맹학교에 다니던 시절, 학교를 졸업한 뒤에 안마사로 일을 시작하는 선후배들과 달리 그는 청각 장애까지 있어 안마사 일조차 할 수 없는 처지였다. 안마 대신 할 수 있는 일이 무엇일까 고민하다가 점자책을 읽고 글을 쓸 수 있으니 작가가 될 수도 있지 않을까 하는 희망을 품었다. 작가가 되려면 많은 걸 알아야 한다는 생각에 손에 잡히는 대로 책을 읽었다. 하지만 당시엔 점자 단말기도 없고 시청각 장애인을 위한 통역 기술도 없던 때라 그는 대학 진학을 향한 꿈을 포기해야 했다.

"그러다가 제가 본격적으로 대학 공부를 시작하게 된 것은 2006년 일본의 헬렌 켈러라 불리는 후쿠시마 교수님으로부터 일본 초청을 받고 방문한 것이 계기가 됐습니다. 후쿠시마 교수님 역시 시각과 청각을 완전히 잃은 상태에서 손가락 점자로 통역을 받아서 대학을 나왔고 당시에는 동경대 조교수로 활동하고 계셨어요. 그분을 비롯해 일본의 시청각 장애인들이 매년 시청각 장애인 대회를 열고 있었는데 그 대회에 초대받았던 겁니다. 그때 후쿠시마 교수님과 일본 시청각 장애인들을 만나고 나서, 그들이 공부할 수 있었다면 나도 할 수 있지 않겠는가 하는 생각을 했고 대학 입학을 결심했습니다. 그리고 2007년 나사렛대학에 입학해서 15년간 공부하게 된 겁니다."라고 그의 성공담을 들려준다.

힘들었던 진로

공부를 하면서 그가 가장 힘들었던 부분은 그의 장애 때문이 아니라 졸업 후 진로를 꿈꿀 수 없다는 막막함이었다. 처음에 대학교 학부 과정만 마치려고 했지만 졸업 후에도 일자리를 찾을 수 없어 계속 공부를 이어갈 수밖에 없는 상황으로 이어졌고, 결국 박사 과정까지 마치게 된 것이다. 살아오는 동안 가장 기뻤던 기억이 언제인지 묻는 질문에 선뜻 답을 하지 못했다. 그만큼 그의 삶의 여정이 평탄치 못했기 때문이다.

이러한 질문에 그는 "남들처럼 평범하게 살 수도 없었고 저의 특수한 상황에 맞는 삶의 길을 제시해주는 사람도 없었습니다. 모든 외로움과 고민을 혼자 짊어지고 살아야 했기 때문에 제 삶에서 기쁨이나 보람을 찾기가 굉장히 어렵습니다. 신학을 깊이 공부하기 위해 걸어온 배움의 과정이 나름 보람이라 할 수 있지만 그마저도 큰 기쁨으로 연결되지 못하는 것은, 어렵게 박사 학위를 받았지만, 일자리를 구할 수 없기 때문입니다. 공부하면서도 가장 힘들었던 점은 졸업 후 진로가 열려 있지 않다는 점이었어요. 무엇 때문에 비전이 보이지 않는 이 어려운 공부를 힘겹게 감당해야 하는가 회의가 밀려와 공부에 대한 의욕을 유지하기 무척 힘들었습니다."라고 답한다.

내게 동아줄과 같은 사람

막막한 진로와 공부에 대한 회의로 힘겨울 때마다 그를 일으켜 세운 것은 그의 곁을 한시도 떠나지 않고 지키는 그의 아내였다. 그는 아내 김순호 씨를 "내게 동아줄과 같은 사람"이라고 표현했다.

"맹학교에 다니던 시절 평범하게 안마사로 살아갈 희망마저 꺾인 채 좌절 속에서 기도원을 찾아 금식 기도를 하며 오랫동안 방황했습니다. 무척 힘든 시기였지요. 그러던 중 어느 장애인 선교회에서 아내를 만났고 결혼하면서 다시 희망을 가져보려고 노력하기 시작했습니다. 힘겨운 제 인생에서 주님의 은혜를 느낄 수 있었던 순간은 아내를 만나 결혼한 일입니다. 아내는 단순히 배우자에 불과한 존재가 아니라 하나님이 거두어 가신 제 눈과 귀 대신에 내려주신 생명의 동아줄 같은 사람입니다. 앞이 아무것도 안 보이고 외로운 길이었지만 한결같이 제 손을 잡고 함께 걷는 아내 덕분에 이 모든 난관을 헤치고 여기까지 올 수 있었어요."

두 사람이 만난 것은 한 장애인 선교회를 통해서였다. 사람들과 소통하기 어려운 그는 항상 점자책을 가지고 다니며 책을 읽곤 했는데 그 모습이 그녀의 눈에 들어왔다. 선교회에서 다 함께 연극 공연을 보고 돌아오는 중에 순호 씨는 영찬 씨에게 저녁을 먹었는지 물었고 마침 시장하던 영찬 씨는 평생 잊지 못할 맛있는 라면을 먹게 됐다고 하였다.

그는 당시 남편에 대해 기억하기를 "항상 책을 읽고 글을 쓰는 모습이 마치 옛날 과거 시험을 준비하던 선비를 떠올리게 한다."라고 했다. 또한 "결혼한 지 24년이 되었는데도 남편은 변함없이 늘 책을 읽고 있다. 예전엔 점자책이었던 것이 지금은 점자 단말기로 바뀐 것뿐 변한 것이 없다."

아내는 남편의 열정과 재능에 대한 소회를 이렇게 전한다.

"그렇게 공부에 열중하다가도 저에게 다가와 손을 잡으며 저의 컨디션을 살피고 안마를 해주세요. 남편은 시각과 청각을 잃은 대신 남은 감각인 촉각, 후각, 미각을 접할 수 있는 좋은 경험을 부단히 찾고 싶어 합니다. 감각을 뛰어넘는 상상을 통해 제한된 욕구를 해소하려고 항상 노력해요. 남편은 가슴에 끊임없이 무언가에 대한 목마름과 열정이 가득한 사람입니다. 늘 고생하며 공부한 만큼 길이 열리지 않아 답답해 하는 모습을 보면 제 마음 또한 아려옵니다. 그럼에도 불구하고 한결같이 배움과 진리에 대한 목마름과 열정을 품고 계속 공부하는 남편에게 감사의 마음과 칭찬을 전하고 싶습니다. 그리고 지금까지 인도하시고 동행하시는 하나님께 감사와 영광을 올립니다."

준비된 공연을 할 공연장을 찾아서

박사 과정까지 마쳤지만, 조영찬 씨의 앞길은 여전히 캄캄하다. 한국에는 시청각 장애인 신학 박사가 일할 수 있는 곳이 전혀 없는 현실이다. 그는 이런 상황을 마치 "공연 준비는 죽도록 시켜놓고 준비가 다 갖춰지니 무대를 제공하지 않는 공연장 같다."라고 말한다.

"시청각 장애인에게 박사 과정이란 깎아지른 암벽을 등반하는 것만큼이나 벅찬 여정입니다. 그 길이 너무 힘겨워서 도중에 쉬고 싶어도 쉴 수가 없는 상황이었습니다. 그러한 힘든 과정을 마치고 학위를 받았을 때의 기분은 한편 허탈하기도 했고 이제야 무거운 짐을 내려놓았구나 하는 안도감과 해방감이 들기도 했습니다. 학위를 받은 이후에 비장애인 신학 박사들은 신학교에서 강의하거나 교회를 이끄는 등 다양한 활동을 하게 되는데 저는 그 어느 쪽도 활동할 수 있는 여건이 마련되어 있지 않았어요. 그래서 현재는 다니던 학교와 교회를 나와서 휴식하며 삶의 여유를 회복하려고 노력 중입니다. 한편으로는 제가 활동하기에 가장 적합한 맞춤형 대안 교회를 모색하면서 매주 지인들에게 온라인으로 문서 사역을 진행하고 있습니다."

이같이 그가 박사 학위를 받았다고 당장 어떤 역할을 감당할 수 있는 여건이 조성된 것은 아니다. 그는 "시각과 청각을 사용할 수 없는 제가 사역하려면 소통을 위한 속기사와 통역자가 컴퓨터나 손가락 점자로 통역을 해야 한다."라고 고충을 토로한다. 실제로 전담 속기사를 두려면 비용도 만만치 않은데다 손가락 점자 통역사는 드물어 그가 직접 가르쳐야 한다. 학생들을 가르쳐 겨우 통역이 가능해지면 얼마 후 학교를 졸업하기 때문에 도울 사람을 새로 찾아야 한다. 장애인을 위한 특수 목회이다 보니 이처럼 동역자를 구하기도 쉽지 않다. 그는 본인 자신도 도움이 필요한 상태지만 신체적 한계로 학업조차 제대로 하지 못하는 장애인들을 돕기 위해 계속 기도하고 있다.

그는 두 가지 장애가 있는 상황에서 박사 학위를 취득한 사례는 처음이지만 제대로 지원이 이뤄지지 않는다면 학위만 있는 허수아비 학자에 머물게 될 것을 우려했다. "어렵게 15년에 걸쳐 공부한 달란트가 사장되지 않고 하나님의 영광을 드러내고 세상의 빛과 소금 역할을 할 수 있도록 도움이 필요하다."라며 한국 교회가 장애인들에 대한 관심을 갖고 사랑해주기를 당부한다.

또한 오늘의 교회에 대해서는 "낮은 자, 약자 중심의 복음을 잃어버린 지 오래"라고 말한다. "낮은 자와 약자들에게 다가가 복음을 전하기보다는 교회 조직을 키우고 많은 교인을 불러들여 양적 성장을 도모하는데 에너지를 소모하는 모습은 인간적이고 종교적인 욕망의 발로"라고도 덧붙인다.

"예수님은 새로운 종교를 만드는 데에 관심이 없으셨어요. 예수님은 이미 존재했던 유대교라는 종교 안에서 그 종교를 뛰어넘는 하늘나라의 복음을 온 세상에 전파해서 낮고 약한 자들이 절망과 고통뿐인 삶 속에서 참된 기쁨과 행복을 찾게 하시려고 십자가까지 지셨던 분입니다. 그런데 현재의 교회는 교회의 덩치를 불리기 위해 약자와 낮은 자들과 함께하려는 복음 정신을 많이 망각하고 있습니다. 교회의 사명은 세상의 빛과 소금의 역할을 감당하는 일입니다. 그러기 위해서는 교회가 예수님께로 돌아와서 잃어버린 구원의 능력을 회복해야 합니다. 즉 교회가 교회로서 본질을 회복해야만 교회도 살아나고 양들도 살아날 수 있습니다. 남들에게 예수님을 믿게 하기에 앞서 교회와 기독교가 먼저 예수님을 올바로 믿고 회개하는 일이 예수님이 가장 간절히 바라시는 소망이라고 생각합니다."

그는 사람은 시각이나 청각이 없어도 살지만, 희망이 없으면 한순간도 살 수 없는 존재라고 했다. 한국 교회가 세상에 참 희망을 전하기를, 그리고 그의 앞날에도 비록 좁은 길이지만 한줄기 밝은 희망의 빛이 비치기를 기도한다.

그는 15년간 공부해오면서 안정된 일자리를 가질 희망을 품는 일에 줄곧 어려움을 겪어 왔다. 그 희망 찾기는 현재 진행형이고 평생 이어질 여정이 될 것으로 예상했다. 앞으로 하고 싶은 일이 뭐냐는 질문에 그는 "끝없이 공부하면서 차별화된 길을 가겠다."라고 했다. 박사 학위를 취득한 현재는 대학 강의를 할 수 있다고 생각하지만, 지금껏 강의 제안이 들어오지 않고 있다. 2011년 조 씨 부부의 이야기를 담은 다큐멘터리 〈달팽이의 별〉이 나오기도 했다. 이 작품은 24회 암스테르담 국제다큐멘터리영화제(IDFA) 장편 경쟁 부문에서 아시아 최초로 대상을 받았다.

27
기업의 사회적 책임은 '희년 사상'의 실천

-CSR포럼 대표 김도영-

CSR포럼-기업의 사회봉사 활동의 기치를 내걸다

우리는 기업의 사회적 책임(CSR · Corporate Social Responsibility)이 강조되는 시대에 살고 있다. 이윤 추구를 넘어 사회의 한 일원으로서 윤리적인 가치와 그에 따른 책임을 지는 것이 기업의 중요한 덕목으로 떠오르고 있다. 이러한 흐름에 발맞춰 주요 기업들은 사회 공헌 전담 부서를 두고 다양한 활동을 펼치고 있다.

'CSR포럼'은 바로 각 기업의 사회 공헌 담당자들이 모여 창립한 단체다. 지난 2014년 1월 국내 기업 사회 공헌 담당자들이 보다 실질적인 사회봉사를 위해 모인 것이 계기가 됐다. 모임을 주도한 주인공은 SK브로드밴드 경영 지원 부문 김도영 부장이다. 그는 현재 국내 350개 기업들의 사회 공헌 부문 실무자들의 모임인 CSR포럼의 대표로, 기업의 사회봉사 활동의 전문성을 향상시키는 데 일조하고 있다.

"CSR포럼은 기업들의 사회 공헌에 대한 전문성과 진정성을 높이기 위해 매월 정기 포럼을 개최합니다. 다양한 이해관계자들과 함께 배우면서 효율적인 사회 공헌을 고민하고 있습니다."

세속적이었던 그의 꿈

20대 초반 아버지의 사업이 어려워지고 매우 힘든 시기를 보내던 김 대표, 화학공학을 공부하던 그는 장남으로 가정을 다시 세우기 위해 차비와 라면 값만으로 치열하게 공부하여 해외에서도 알아주는 굴지의 기업 선경(SK)에 입사했다. 케미컬 엔지니어링 부서에 들어간 그는 승승장구하여 기획실을 거쳐 사장실까지 올라갔다. SK텔레콤에서 일할 때는 우리나라 최초의 미디어아트센터 '나비'를 건립하기도 했다. 그는 그야말로 회사에서 촉망받는 제너럴리스트(generalist)였다. 하지만 잘나가던 그에게 어느 날 위기가 닥쳐왔다.

"2009년부터 그런 프레임들이 무너지기 시작했던 것 같아요. 제 의도대로 열심히 하면 만족할 결과를 얻었던 것들, 늘 한 것 이상으로 좋은 평가를 받았던 것들이 주변 상황으로 인해 작동되지 않은 거죠. 스스로 회의감도 생기고 그렇게 인생의 변곡점이 찾아왔던 것 같아요."

많은 사람이 그렇겠지만, 어려운 상황에 처한 그에게 부정과 분노, 우울감이 찾아왔고 마치 사형을 언도받은 이처럼 삶의 본질을 다시 바라보게 되었다고 한다. 하지만 그는 그 일이 오히려 잘된 일이었다고 회상한다.

"그동안 나 자신의 발전과 이익을 위해 일해 온 것을 반성하게 됐습니다. 참된 삶의 목적과 크리스천이라는 신앙인의 삶의 가치를 찾고 실천하는 길이 타인을 향한 사랑과 봉사라는 것을 깨닫게 된 것이죠."

다시 찾은 꿈

"'나는 왜 사는가', '어떻게 사는 것이 의미 있게 사는 것인가'를 돌아보니 이제야 좀 알겠더라구요. 내가 뭘 이루려고 사는 삶이 아니라 하나님이 보시기에 적절한 역할을 하면서 삶을 꾸려나가야겠구나! 하고 깨달은 거죠."

마침 회사의 사회 공헌 분야 업무를 맡게 된 그는 주변의 많은 사람들이 봉사에 헌신하는 모습을 보면서 감동과 충격을 받았다. 그러면서 새로운 꿈과 가치를 발견하기 시작했다.

그리고 그즈음부터 새롭게 시작하게 된 것이 바로 CSR포럼이다. '자기 성과만 내려 하지 말고 함께 사회 공헌을 고민해 보고 좋은 가치를 만들어가자'는 생각으로 우연히 모임을 기획한 후 크게 홍보를 한 것도 아니고, 카카오톡이나 이메일로 모임의 소식을 알렸을 뿐이었는데 첫 모임에서 60명이나 모였다. 예산은 따로 없었고 장소 역시 전경련 회관이나 회사에서 제공해준 공간에서 열린 CSR포럼은 그때부터 매달 빠짐없이 열리게 되었고, 지금은 600여 명의 기업 실무가들이 모일 정도로 규모가 커졌다.

그리하여 그가 SK CSR팀에서 10년 넘게 일한 경험을 바탕으로, 기업의 사회 공헌 기획부터 실행까지 소설 형식으로 풀어낸 책이『김 대리, 오늘부터 사회 공헌팀이야』라는 책이다. 이 책은 아직도 사회 공헌 사업의 개념이 막연한 한국에서 많은 사회 공헌 관계자 및 관심자들에게 귀한 자료로 활용되고 있다.

확장된 그의 꿈

경기도 고양시 충정교회 안수 집사인 그는 기업의 사회봉사 업무를 맡으면서 기업들의 사회 공헌이 우리 사회를 한 단계 더 발전시켜나가는 것임을 알게 됐다. 그래서 보다 많은 기업들의 사회 공헌을 이끌어 내기 위해 노력했다.

그런 과정에서 그를 포함한 많은 기업의 사회 공헌 분야 관계자들이 보다 체계적이고 효율적인 도움의 방법들을 고민하게 됐고, 지금의

'CSR포럼'으로 발전하게 됐다. 이후 그는 기업과 정부, 지자체, NPO(민간비영리단체), NGO 등과 협력 방안을 모색하는 일에 주력하고 있다.

김 대표는 여러 봉사 현장을 수없이 다니며 봉사 활동에도 앞장섰다. 이 가운데 그가 가장 보람을 느끼는 것은 (사)전국지역아동센터협의회와 함께 했던 취약 계층 청소년 자립을 위한 창업 학교인 '희망스타트' 설립이다.

이 사업 덕분에 교도소에 있는 아버지와 병든 어머니, 장애인 여동생으로 인해 삶의 갈피를 잡지 못했던 한 청소년에게 카페 공간을 제공하고 자활의 길을 걷게 했다. 현재 이러한 사업으로 8곳의 카페가 창업됐고, 3곳이 개업을 준비하고 있다. 그는 자신에게 가장 감동을 주었던 사회 공헌 활동이 이 일이었다고 고백한다.

"어느 순간 제가 보게 된 거예요. 그 아이들이 자기가 하고 싶은 걸 하고 꿈을 찾아가니까 자신도 모르게 훌륭해져 가는 모습들을 봅니다. 자신이 공연을 하거나 커피를 팔아서 모은 돈도 자기들이 안 가져가더라구요. 자기처럼 어려운 아이들을 위해 써달라고 오히려 선생님에게 전해주는 모습에 큰 감동을 받았어요."

그 외에도 김 대표는 2016년 11월부터 2020년 3월까지 CTS '김도영의 나누기(나누며 누리는 기쁨)'라는 라디오 방송에서 영화감독, 가수, 교수, 의사 등 사회 각계 각층의 다양한 크리스천을 만나 그들의 삶과 사역을 소개하는 일을 했다.

새로운 소명

 가정을 일으키기 위해서 치열하게 공부하며 꿈을 꾸었던 김 대표, 어느 날 찾아온 시련으로 삶의 방향을 다시 잡고 새로운 꿈을 꿨던 그는 더 크고 가치 있는 꿈을 품게 되었다. 이것을 그는 소명이라 부른다.

 "저에게 소명이 생겼어요. 소외받고 힘든 사람들이 이 땅에서 자존감을 지키고 살아갈 수 있게 돕는 역할이죠. '사회적 기업'이라는 모델로 지속 가능한 수익을 가져가면서 자신의 가치를 깨달을 수 있도록 돕는 일입니다. 무엇보다 그 틀을 'NGO - 교회 - 기독교 자선 단체'와 연계하여 확산시키고 싶은 마음이 있습니다."

 그는 이 사업을 더욱 확장시켜, 국내뿐만 아니라 해외의 어려운 지역의 사람들에게 이 모델을 적용하려 한다.

 "동남아, 인도, 중국, 아프리카 모두 크리스천 선교 루트죠. 그곳에서 확산시킬 수 있는 의미 있는 일을 하고 싶다는 마음이 제게 있었는데요, 바로 작년부터 시작된 바틱프로젝트로 기독교 자선 단체와 협업 모델을 구상하고 있습니다."

 '바틱'은 인도네시아에서 시작된 염색 문양 기술인데, 그는 그 기술을 바탕으로 인도네시아 등지의 청소년들에게 새로운 수익 모델을 제공하고, 큐레이터, 미디어 아티스트들과 함께 사업 모델을 발전시키려

하고 있다.

"패션쇼를 열어 그분들의 작업물을 소개하고 그 사업성을 지속 가능하게 확장시키고, 무엇보다 참여하는 모두를 기독교 자선 단체로 연결하여 선한 영향력을 엮어가고 싶어요. 이것이 최근 제 마음을 가장 크게 움직이는 네비게이터구요, 저에게 주어진 소명이자 하나님께서 기뻐하시는 꿈인 것 같아요."

그는 "어려운 이들이 행복하도록 경제·사회적으로 돕는 것은 성경의 희년 사상을 실천하는 것"이라며 "어려운 이들을 위한 자립 비즈니스 모델 제공을 위해서는 사회 각계 각층의 연합과 도움이 필요합니다. 이를 위해 다양한 영역의 참여자들을 모아 기업에 연결하는 한편, 상호 간 원윈 효과를 내는 모델을 만들고 지원할 것"이라는 비전을 밝혔다.

"삶에서 중요한 건 하나님과의 동행이라고 생각해요. 단순한 예수쟁이로서의 삶이 아니라 진정한 행복이 있는 삶으로의 전환이죠. 그래서 꿈도 나를 위한 꿈이 아니라 함께 가치 있는 꿈을 꿔야 하는 것 같아요. 기복 신앙이 아닌 하나님의 모습을 닮아가는 삶, 협력하여 선을 이루는 그 즐거움과 이끌어주심으로 하루하루를 감사하는 삶 말이죠."

28

SW 복지 재단의 뿌리를 찾아

-SW 복지 재단 이사장, 오단이 교수-

통나무집 아이들

　한국 전쟁으로 인해 전 국토가 폐허가 되었을 때, 오단이 교수의 외조부, 김재환 장로는 대전 역사에서 한 무리의 고아들을 보았다. 아이들은 추위를 이기기 위해 서로 꼭 안고 자고 있었다. 옷은 다 해지고 머리에는 이가 들끓었다. 그는 이 아이들을 도저히 그냥 내버려 둘 수 없었다. 그래서 45명의 고아를 데려와 집에서 함께 생활하기 시작했다. 그런데 78명의 고아가 더해졌다. 거리에서 헤매고 있던 고아들을 충남도청에서 나서서 이곳으로 싣고 온 것이다. 도에서도 그가 아이들을 잘 돌보고 있다는 사실을 알고 있었다. 그러자 김 장로의 집은 순식간에 대가족이 되었다.

그는 하나님께 서원 기도를 드렸다.

"믿음의 터 위에 소망의 주추를 놓고 사랑의 우리 집을 힘 모아 세우게 하소서!"

이렇게 1952년, 성우보육원이 탄생했다. 삼성동에서 시작한 성우보육원은 그 후 두어 차례 신축 이전했다. 그리고 몇 년 후 그는 충남 아동보호소(現 정림원)를 설립했다. 보육원 아이들은 '통나무집 아이들'로 불리었다. 안타깝게도 통나무집은 2007년 전기 누전으로 인한 화재로 사라졌다.

김 장로는 부모님으로부터 큰 유산을 물려받았다. 모든 재물은 하나님이 맡겨주신 것으로 생각한 그는 교회를 섬기고, 고아를 돌보는 데에 아낌없이 선용했다. 1987년 그가 하늘나라로 간 후, 오 교수의 어머니 김익자 권사가 2대 원장으로 취임했다. 그녀 역시 아버님의 뜻을 이어받아 보육원 운영을 잘 해나갔다. 그래서 그녀에겐 '사회복지계의 대모'라는 별명이 붙었다. 김 권사의 외조부는 '사회복지계의 선구자'로 불린 이자익 목사다. 그는 대전신학대 설립자이기도 하다.

복지 사업의 DNA

1952년 후생 시설 성우보육원 설립 이후의 궤적은 성우보육원 용두동 신축 이전, 충남 아동보호소 설립(외조부 김재환 장로 설립), 김익자 권사 취임, 성우보육원 임시 이전, 성우보육원 준공 및 이전, 대덕구 푸드뱅크 사업 시행, 대전 실종아동일시보호소 지정, 그리고 대전 푸드마켓 3호점 개점으로 이어진다. 현재 성우보육원, 입양 가정지원센터, 푸드 마켓 운영, 한국통일복지연구소 등 보편적 복지 정착을 위한 초석들을 놓아가고 있다. 이 과정에서 사회 복지 시설 평가에서 4번 연속 A 등급을 받기도 했다.

외조부 김 장로는 개인 재산으로 성우보육원을 운영해오다가 후에 성결교유지재단에 모든 후생 시설을 편입시켰다. 오 이사장의 모친 김 권사가 원장으로 운영하던 중 2017년, 성결교사회사업유지재단에서 분리돼 현재의 SW 복지 재단을 설립했다(SW는 '성우'의 영문 머리글자). 그리고 오 교수가 재단 이사장을 맡게 되었다.

성우보육원의 설립 동기는 전쟁고아를 품기 위해서였다. 그런데 시대가 달라지다 보니 지금은 부모의 이혼, 가정 폭력 등의 새로운 요인들이 가정을 해체하고 파괴하고 있다. 그래서 부모가 있어도 돌봄이 필요한 아이들이 많이 생겨나고 있다. 현재 성우보육원을 찾는 아이들의 연령대는 0-19세까지 폭이 아주 넓다. 이들 가운데는 장애인 진단을 받은 아이도 있다.

성우보육원에서는 30년 전부터 아이들이 최소한 고등학교를 졸업하도록 하고, 운전면허증을 따게 했다. 부모도, 돈도, 배경 없는 아이들이 운전면허증이라도 소지한다면 어디에 던져져도 밥은 굶지 않을 것이라는 판단에서였다. 그리고 아이마다 특기를 하나씩 익히게 했다.

보육원 설립 초기에는 원아들이 300여 명이었지만, 지금은 40명 안팎이다. 또 종교의 자유를 허락한다.

성우보육원 아이들은 어릴 때부터 나눔을 실천한다. 적은 용돈을 모아 독거노인을 위한 선물을 전달하기도 한다. 지금은 후원자들로부터 값없이 받은 사랑과 물질을 받기만 하지만 언젠가 주는 자의 위치에 설 것이라는 믿음이 있기 때문이다.

사회적 경제 전공인 오 교수는 SW 복지 재단의 이사장이 된 후 아이들의 미래를 적극적으로 고민했다. 그래서 이 아이들이 사회에 나가 홀로서기를 할 수 있도록 실질적인 돌봄과 교육에 무게를 실었다. 지금도 보호 종료 아동들을 지원하는 사업을 구상 중이다. 예컨대, 사회적 경제에 대해 교육을 하고, 사회적 기업·협동조합 등 창업을 돕고 있다. 60여 년의 뿌리를 내린 SW 복지 재단은 전통과 혁신을 추구하고, 지역과 세계를 아우르고, 직원과 함께 행복한 생활을 하며, 직원과 함께 성장하겠다고 다짐한다.

어떠한 마을을 꿈꾸십니까?

예전에는 마을 입구에 큰 나무가 심겨 있고, 정자나 마을 구멍가게 평상에는 어른들이 늘 앉아 있었다. 그런데 빠른 속도로 산업화를 하면서 사람들은 도시로 향하고, 지금은 노인들은 혼자 남겨지고, 아이들은 거리에 방치되었다. 청년들 역시 둘이기보다는 혼자가 많다. 사람과 사람이 주고받던 온기는 사라지고 극도의 외로움이 어디에나 도사리고 있다.

오 교수가 강의할 때 보여주는 동영상이 있다. 엘리베이터에 메모지 한 장이 붙어 있다. 또박또박 써 내려간 글씨 무지갯빛으로 색이 칠해져 있다.

"12층 이사 왔어요! 자기소개입니다."로 시작되어 "새해 복만이 바드세요(복 많이 받으세요)"로 마무리되는 글에는 간단한 가족 소개와 함께 이웃이 되고 싶다는 아이의 바람이 담겨 있다.

그런데 얼마 후에 또 다른 메모가 붙여졌다.

"이사 온 거 너무 반가워! 좋은 이웃이 되면 좋겠어."

"네 덕분에 다시 한번 더 아름다운 세상을 보는구나."

이어 사랑의 온기가 담긴 아줌마, 아저씨, 누나, 친구들의 종이 쪽지들이 하나둘 늘어났다. 그리고 아파트 공동체는 활기를 찾게 되었다. 이렇듯 한 아이의 메모는 나비효과를 일으킨 것이다.

이제 사람들은 급할 때 아이를 맘 놓고 맡길 수 있는 이웃, 부족한 것을 서로 채워줄 수 있는 이웃, 함께 취미생활을 하고 즐거워할 수 있는 이웃, 범죄와 불안을 함께 해결할 이웃을 꿈꾸기 시작했다. 그리고 이 꿈을 현실로 만들기 위해 마을 카페, 공동육아, 마을 생협, 마을금고, 마을 축제 등을 구상하고, 만들기 시작했다. 우리는 혼자가 아니라는 것을 이제야 기억해냈기 때문이다.

또한 지역 주민들은 소외가 소중함으로, 불안이 평안으로, 불신이 신뢰로 바뀌는 마을을 만들기 시작했다. 곳곳에 마을 공동체가 만들어지고 마을 살이가 시작된 것이다. 그리고 이러한 움직임이 가속화될 수 있도록 오 교수는 이른바 복지 전도사가 되어 가는 곳마다 외치고 있다. 지금도 지역 복지 정책 입안, 컨설팅, 강의 등으로 늘 분주하다. 그리고 자신이 늘 소개하는 동영상을 보면서 아직도 눈물을 글썽인다고 고백한다.

마을 살이 삼 요소, 인(人) · 망(網) · 장(場)

오 교수가 2018년, 주민자치형 공공 서비스 정책에 관여할 때부터 외치던 3가지 주요 개념이 있다.

첫째가 사람(人)이다. 사람, 곧 주민이 있어야 참여를 할 수 있다.

둘째는 망(網)이다. 이 망은 곧 네트워크이며, 방법적인 요소를 의미한다. 그렇다면 네트워크가 잘 형성되면 좋은 사회가 되고, 좋은 마을 공동체가 될까? 그렇지 않다고 오 교수는 말한다. 그리고 이 네트워크에 대한 이해를 돕기 위해 그는 문어발 이야기를 한다.

"문어는 먹이를 잡을 때 한 발로 해결합니다. 그런데 좀 큰 것을 먹을 때엔 두 발을 사용합니다. 자기 몸집보다 큰 것을 먹을 때엔 발 8개를 모두 사용합니다."

즉 제대로 기능을 발휘하고, 힘을 낼 수 있는 네트워크는 '협업'이라는 것이다.

셋째는 장(場)이다. 장은 곧 물리적 공간이다. 그러나 코로나19로 인한 비대면 시대에 SNS, 밴드, 카톡 등이 장이 될 수 있다. 이 세 가지가 갖춰지면, 사람들은 일단 모여야 하고, 모일 장소를 만들어야 하고, 뭔가 즐길 거리를 마련해야 한다.

그다음 오 교수는 "싸우라"라고 말한다. 치고받고 싸우라는 의미는 물론 아니다. 테이블 위에 각자의 생각을 쏟아놓고, 논의하라는 것이다. 그러다 보면 갈등은 불가피하다. 그러나 갈등이 없는 공동체는 공감이 없는 공동체라고 그는 강조한다. 그래야 건강한 마을 공동체가 형성된다고 한다. 또한 동원에 의한 주민 참여가 아니라, 자발적인 참여가 필요하다. 주민들 스스로가 또 주민들 삶에 위협이 되는 문제를 이슈화시켜서 해결하는 노력을 해야 한다. 이를 위해 전문가, 민간 단체, 시민 사회 단체, 그리고 무엇보다 주민들이 적극적으로 참여해야 한다.

오 교수가 대학원 시절, 스승님 한 분이 모친상을 당했다. 그래서 오 교수는 문상하기 위해 전남 영암까지 내려갔다. 조문하고 나니, 교수님이 하시는 말씀이 서울에서 멀리까지 왔다면서, 그곳은 산도 좋고 인근에 좋은 절도 있으니 놀다 가라는 것이었다. 그래서 오 교수 동료·선후배와 함께 산에 갔다. 그곳 절에서 눈길을 끄는 다포"(茶布)"(차를 마실 때 찻잔이나 차관 따위의 여러 기물을 올려놓는 천)를 보았다. 다포에는 그림과 함께 "참 좋은 인연입니다"라는 글귀가 담겨 있었다. 그 무렵 그의 아내는 임신 중이었다. 앞으로도 아내와 좋은 인연으로 살아갔으면 좋겠다는 마음으로 다포를 샀다. 그 뒤 그는 이사를 하더라도 다포를 항상 걸어두었다. 지금은 특강이나 강의를 하기 전에 일종의 의식처럼 이 다포의 이미지를 보여주고 있다.

"여러분이 참 좋은 인연이었으면 좋겠습니다."

29

더불어 살아가는 기쁨

-경찰 봉사왕 한상기 경위-

튜브를 타고 흐르는 피가 따뜻함을 알았을 때

1986년 고등학교 1학년 때였다. 같은 반 친구 아버지가 편찮으셨다. 친구 녀석은 반 아이들에게 도움을 요청했고 아이들은 흔쾌히 친구 아버지를 위한 헌혈에 동참했다. 팔뚝에 주삿바늘이 꽂히고 난 후 몸에서 빠져나온 피가 팔에 감긴 튜브를 타고 흘렀다. 그때 피가 따뜻하다는 걸 알았다. 그 따뜻함이 잊히지 않았다.

친구들끼리 몰려가 시작한 헌혈이었지만 그 헌혈은 한상기 경위가 걸어온 위대한 봉사의 작은 발걸음이 되었다. 한 번의 헌혈로 채혈할 수 있는 양은 그리 많지 않다. 그렇지만 고등학생 한상기는 자신의 작은 희생이 누군가의 생명을 살릴 수 있음을 깨달았다. 부자가 아니어도, 가진 것이 많지 않아도 자신에게 있는 것으로 누군가를 도울 수 있고 생명을 살릴 수 있다는 사실을 알게 된 것이다. 그가 30년이 넘는 세월 동안 무려 300회가 넘는 헌혈을 해올 수 있었던 계기는 그렇게 시작되었다.

남을 돕는 것 자체가 행복한 사람

한상기 경위는 어릴 적부터 어려움에 처해 있는 사람을 돕는 것에 관심이 많았다. 친구 아버지를 위해 기꺼이 헌혈을 하게 된 것도 한 경위의 그런 마음씨 때문이다. 남을 위해 봉사하는 것을 천직으로 삼고 있다. 그는 어릴 때부터 여러 사람들과 어울리며 봉사 활동을 할 수 있는 직업이 무엇일까 고민했다. 1993년 경찰공무원 시험을 거쳐 경찰관이 된 것도 그런 이유에서다.

그래서일까. 그는 경찰관이 아니면 사회복지사가 됐을지도 모르겠다고 말한다. 누군가를 돕는 것 자체가 행복하기 때문이다.

"경찰관의 모든 업무가 시민들에게 봉사하는 일이잖아요. 그래서 천직이라 생각해요."

남을 돕는 것 자체가 행복하다는 그는 함께 근무하는 동료들 사이에서 이미 봉사왕으로 소문이 나 있다. 봉사가 일상인 그에게 '민중의 지팡이'인 경찰관은 말 그대로 천직인 셈이다.

경찰관이 되어서도 이어진 헌혈

경찰관이 되었지만 그의 헌혈은 멈추지 않았다. 오히려 경찰공무원으로 근무하면서 헌혈의 중요성을 더 절실하게 알게 되었다. 경찰이 된 후 그는 줄곧 교통조사계에서 근무했다. 그러다 보니 자연스레 교통사고 사건을 많이 담당하게 되었다. 사건 현장에서 그는 교통사고로 인한 부상자들이 혈액 부족으로 응급 수술을 제대로 받지 못하고 생과 사를 오가는 경우를 많이 봐왔다.

"경찰로 근무하다 보니 사회에서 일어나는 모든 이들을 몸으로 많이 겪게 돼요. 특히 교통사고로 다친 사람들이나 긴급 수술이 필요한 사람들에게 수혈이 정말 중요하다는 것을 뼈저리게 느꼈어요."

그렇지만 혈액은 항상 부족한 상태였다. 헌혈을 요청하는 문자메시지도 많이 받았다. 그때마다 안타까운 마음이 들었고, 그 안타까움이 헌혈로 이어졌다. 주야간을 번갈아 근무하는 고된 근무 여건 속에서도 그는 헌혈에 앞장섰다.

그는 젊은 층의 헌혈 인구 감소 현상이 매우 아쉽다고 말한다. 건강한 사람이 헌혈을 해야 하기 때문이다. 그는 헌혈을 위해서 자신의 몸을 건강하게 가꾸는 것을 게을리 하지 않는다. 평소 운동을 좋아하는 그는 산악자전거, 배드민턴, 수영 등 틈날 때마다 여러 가지 운동을 즐기지만 여건이 허락되지 않는다고 말한다. 그럼에도 일주일에 최소한 서너 번은 헬스 클럽에 가서 땀을 흘리며 건강을 관리하려고 애쓴다. 자신이 건강해야 가족도 지키고 헌혈도, 봉사 활동도 할 수 있다는 생각 때문이다.

함께 하는 봉사의 기쁨

그의 봉사 활동은 헌혈에서 끝나지 않는다. 매년 겨울이 되면 연탄 배달 봉사를 나간다. 2003년 전주로 발령 받았을 때였다. 당시만 해도 전주에는 연탄을 사용하는 가정들이 많았다. '사랑의연탄나눔운동'을 통해 시작된 연탄 나눔 배달 봉사는 혼자서 할 수 없어 뜻이 맞는 동료 경찰관들과 함께 봉사 활동에 나섰다.

동료들과 함께 연탄을 나르면서 혼자보다는 여러 명이 함께하는 봉사의 맛을 알았다. 혼자서 할 때보다 훨씬 더 풍성한 기쁨과 뿌듯함을 느낄 수 있었다. 동료들과 함께 땀 흘리며 함께 기뻐하는 모습을 보며 그는 자신이 가는 길이 옳다는 것을 다시금 확인할 수 있었다.

금산파출소에서 근무할 때였다. 선천적으로 '신경섬유종'이라는 희귀병을 앓던 고 모씨는 17세 때부터 금산파출소 '사환'으로 근무했다. 가정 형편이 어려워 학교에 진학하지 못한 탓이다. 사환이 하는 업무야 파출소에서 청소나 잔심부름이 전부였지만, 그는 왕복으로 약 30km나 되는 거리를 매일같이 시내버스로 오가며 20년이 넘도록 성실하게 감당했다. 이후 사환이라는 직책이 없어지고 그도 퇴직해야 했지만 그의 성실함은 10년 지난 후에도 파출소 직원들의 귀감이 되었다.

퇴직 후 날품 일을 하며 노모와 아들을 보살피고 있는 그에게 한 경위를 비롯한 금산파출소 직원들은 명절이면 십시일반 돈을 모아 생필품을 사서 전달하곤 했다. 그는 파출소 직원들의 그 따뜻한 손길을 잊지 않고 자신도 받은 만큼 남을 도우며 살겠다고 다짐한다.

봉사와 나눔은 함께 할수록, 그리고 나눌수록 커진다는 사실을 확인하는 순간이다.

봉사왕의 포부

봉사의 맛을 알고 있는 한상기 경위는 봉사에 대해 다음과 같이 말한다.

"저는 봉사 활동을 굉장히 좋아합니다. 봉사에는 마음, 돈, 몸, 재능으로 하는 여러 가지 봉사가 있습니다. 그중에서 가장 큰 봉사는 몸으로 하는 봉사라고 합니다. 자신이 직접 땀을 흘리며 남을 돕고, 몸으로 하는 봉사를 함으로써 자신의 마음을 치유 받을 수 있는 봉사이기 때문입니다."

그래서인지 그는 할 수만 있다면 봉사 조직을 구성해서 같이 활동하고 싶다고 말한다. 조직적으로 함께 봉사하면서 봉사를 하고 싶어도 방법을 모르는 사람들에게 봉사의 의미와 행복을 알리고 싶다는 것이 봉사왕으로 알려진 한 경위의 포부다.

기부로 건네는 응원의 목소리

그런데 그의 봉사 활동은 '몸'으로 때우는 것으로 그치지 않는다. 그는 자기 월급의 1%를 떼어 꾸준히 기부도 하고 있다. 이 역시 하루아침에 시작한 일은 아니다.

1990년 1월, 젊은 날의 한상기는 군에 입대했고 강원도 춘천에서 복무했다. 이등병이었던 그는 어느 날 부대 군종을 따라 기독교백화점에 갔는데 거기서 '함께하는사랑밭'이라는 전단지를 보게 되었다. 그 전단지를 보고 그는 자신의 사병 월급에서 일부를 떼어 기부했다. 이등병 월급이 7,000원 남짓하던 때였다.

이때부터 그는 직장에 다니게 되면 월급의 1%를 떼어 기부하겠다며 다짐했고, 그 다짐을 잊지 않았다. 직장을 다니면서 월급이 오를 때마다 그의 기부도 늘어났다. 그런데 기부금을 늘리는 것이 아니라 기부하는 곳을 추가했다. 여기에는 기부에 대한 그의 남다른 생각이 담겨 있다.

"기부금은 힘겹게 운영 중인 단체에 건네는 응원의 목소리라고 생각합니다. 제가 보태는 금액이 크지는 않아요. 그렇지만 작은 금액일지라도 이렇게 손길을 보태는 이들이 있으니, 당신들은 절대 혼자가 아니라는 마음을 전달하고 싶어요."

함께 살아가는 이들이 있기에

친구 아버지를 돕기 위해 헌혈을 시작했다가 남을 돕는 일을 하고 싶어 경찰관이 되었다는 그는 누구보다 함께 살아가는 사람들의 소중함을 잘 알고 있다. 그의 헌혈과 봉사 활동, 그리고 기부는 이렇게 주변 사람들의 소중함과 더불어 살아가는 기쁨을 아는 마음에서 비롯된다.

"건강하게 태어나 공무원으로서 부족하지 않게 살 수 있는 건 국민들 덕분입니다. 건강한 사회구성원으로 사회에 보탬이 되어야 한다고 생각해요."

그는 건강하게 태어나 건강하게 살아가는 자신이 그렇지 않은 모든 사람들에게 빚을 지고 있다는 생각을 가지고 있다. 이것이 자신의 몸을 소중하게 가꾸고 주변의 아픈 이들을 위해 자신의 건강을 나누는 이유다.

이렇게 보면 그의 모든 헌혈과 봉사와 기부는 일맥상통하는 부분이 있다. 자신이 소유하고 누리고 있는 모든 것들을 특권이 아닌 빚으로 여긴다는 그에게 봉사와 나눔은 어찌 보면 당연한 것일 수 있다.

그렇지만 우리 사회에서 그 당연함이 당연한 것으로 여겨지지 않는다. 유독 한 경위의 삶이 향기롭고 빛이 나는 이유다. 자기 자신을 사랑할 뿐 아니라 함께 살아가는 이들의 소중함을 알고 살아가는 이들이 많아질수록 우리 사회는 더 따뜻하고 건강해질 것이다.